萩 田　博 編著

基礎パンジャービー語読本

東京 **大学書林** 発行

ہاگیتا ہیروشی

پنجابی دی ابتدائی کتاب

ناشر دائگاکو شورین ٹوکیو

はしがき

本書は『基礎パンジャービー語』を一通り読まれたかたが，辞書なしでパンジャービー語の文章を読めることを目的として編纂されたものです。パンジャーブ地方ではインド・パーキスターン分離独立以前からウルドゥー語で文学作品を発表する作家が多く，独立後もパーキスターンのパンジャーブではウルドゥー語が英語とともに大きな位置を占めています。このためパンジャーブ州ではパンジャービー語は必修科目ではなく6年級からの選択科目として教えられています。こうした事情からパンジャービー語で書かれた年少者用の読み物は非常に数が限られています。本書も本来であればもう少し平易な文章から始めたかったのですが，上記の事情により少し難易度の高い文章がここに収録されています。このため読者の負担を少しでも軽くするために，語彙・文法の説明を詳しくしました。なお，語彙・文法の説明は章を追うごとに簡略化してあります。また内容としては，パンジャーブの人々が大きな誇りとしているスーフィー詩人が多く取り上げられています。本来ならばこれらの詩人たちの作品も紹介したかったのですが，読解の前提となる詩形に関する知識，イスラーム神秘主義などの文化的背景はそれ自体一冊の本を要するものですので，取り上げませんでした。日本語訳は原文との対比がしやすいように逐語訳に近くなっています。スーフィー聖者や偉大な人物を叙述する場合には尊敬をこめて複数扱いをし，代名詞として آپ āp「このかた」が使われることが多いのですが，それを忠実に日本語訳しているわけではありません。また宗教指導者や聖者の名前の前には حضرت hazrat という敬称が用いられますが，これも訳してはいません。地名・人名の日本語表記についてはパンジャービー語よりも，より一般的だと思われるウルドゥー語に近いものを多く採用しました。

本書の作成にあたっては，東京外国語大学客員教授のスヘール・アフマド・ハーン先生に色々とご教示いただきました。また，前回同様，大学書林の佐藤政人氏，ロガータの滝澤慶子さんにも大変お世話になりました。有難うございました。

編著者

☆本書にはカセットテープ（別売）が用意されています。
ご活用下さい。

凡　例

略語

〈男〉	男性名詞	〈代形〉	代名形容詞
〈女〉	女性名詞	〈前接〉	前接詞
〈形〉	形容詞	1	1人称
〈副〉	副詞	2	2人称
〔自〕	自動詞	3	3人称
〔他〕	他動詞	男	男性形
〈後〉	後置詞	女	女性形
〈接〉	接続詞	単	単数
〈代〉	代名詞	複	複数

【　】　①名詞の場合：単数・主格形，男性名詞・女性名詞の区別，意味
名詞句の場合：単数・主格形，意味
②動詞の場合：不定詞・主格・単数形，自動詞・他動詞の区別，意味
③形容詞の場合：男性名詞の主格・単数形を修飾する場合の語形と意味

[　]　動詞句，連語を表している

基・パ　『基礎パンジャービー語』（大学書林）。ページ数は参照すべき文法項目が説明されている箇所を示している。

記号の説明

パンジャービー語では تے te という音も綴りも同じ単語が，3つの意味で用いられます。

①等位接続詞として，ウルドゥー語の اور aur のように「…と…」の意味で用いられる。اتے ate と同じ。

②後置詞として，ウルドゥー語の پر par のように「…の上に，…で，…について」の意味で用いられる。اتے utte と同じ。

③接続詞として，ウルドゥー語の تو to のように「それで，そうすると」の意味で用いられる。

読者の便宜を考え，②の場合には発音のところで te*とし，③の場合には te▲とし，区別しました。

略号

ص　　صلی اللہ علیہ و آلہ وسلم sallallāhu alɛhi wa ālihi wasallam「彼と彼の子孫にアッラーが祝福と平安を与えますように」の略号で預言者ムハンマドを呼ぶ場合には必ず最後に付けられる言葉です。本文の発音説明の部分では省略しました。

رح　　رحمتہ اللہ علیہ rahmatullāh alɛhi「アッラーが彼に慈悲を垂れんことを」の略号で，宗教指導者や聖者の名前の最後に付けられる言葉です。本文の発音説明の部分では省略しました。

発音表記

短母音	a, i, u, ĕ, ŏ	日本語の「ア，イ，ウ，エ，オ」に近い音
長母音	ā, ī, ū, e, o	日本語の「アー，イー，ウー，エー，オー」に近い音
二重母音	ɛ	日本語の「エ」よりも口を広げて発音する「エー」
	ɔ	日本語の「オ」よりも口を広げて発音する「オー」
鼻母音		上記の母音が半分鼻から息が抜けて発音される。発音記号は ã，õ などのように母音の上に ˜ が付されている
高声調		á，ó などのように母音の上に ˊ が付されている
低声調		à，ò などのように母音の上に ˋ が付されている
子音	b	「バ」で使われる子音に近い音
	p	「パ」で使われる子音に近い音
	ph	吐く息をともなう「パ」の音（有気音）
	t	「タ」で使われる子音に近い音（舌先は上の歯の裏に付ける）
	th	吐く息をともなう t の音（有気音）
	ṭ	舌の先を反らせて「タ」と発音するときの子音

ṭh	吐く息をともなうṭの音（有気音）
s	「サ」で使われる子音に近い音
j	「ジャ」で使われる子音に近い音
c	「チャ」で使われる子音に近い音
ch	吐く息をともなうcの音（有気音）
h	「ハ」で使われる子音に近い
x	奥舌面と軟口蓋後部との間で発せられる無声・摩擦音
d	日本語の「ダ」で使われる子音に近い音（舌先は上の歯の裏に付ける）
ḍ	舌の先を反らせて「ダ」と発音するときの子音
z	「ザ」で使われる子音に近い音
r	「ラ」巻き舌のrの音
ṛ	舌の先を反らせて「ラ」と発音しながら舌を弾いて元に戻す音
š	「シャ」で使われる子音に近い音
ğ	うがいをするとき発せられる「ガ」に近い音
f	英語のfに近い音
k	「カ」で使われる子音に近い音
kh	吐く息をともなうkの音（有気音）
g	「ガ」で使われる子音に近い音
l	英語のlに近い音

m	「マ」で使われる子音に近い音
n	「ナ」で使われる子音に近い音
ɳ	舌の先を反らせて「ナ」と発音するときの音
w	「ワ」で使われる子音に近い
v	英語のｖに近い音
y	「ヤ」で使われる子音に近い音
’	音節の切れ目を表す

目　次

はしがき …………………………………………………………………………… i

بابا فرید گنج شَکرؒ

バーバー・ファリード・ガンジ・シャカル …………………………… 2

میلہ شالامار

シャーラーマール祭り …………………………………………………… 20

حضرت داتا گنج بخشؒ

ハズラット・ダーター・ガンジ・バフシュ …………………………… 40

سیّد وارث شاہ

サイヤド・ワーリス・シャー ………………………………………… 64

وَگدی اے راوی

ラーヴィー河は流れる ………………………………………………… 78

حضرت سُلطان باہُوؒ

ハズラット・スルターン・バーフー …………………………………… 96

حضرت بُلّھے شاہؒ

ハズラット・ブッレー・シャー ……………………………………… 114

基礎パンジャービー語読本

بابا فرید گنج شکرؒ

پاکپتن، ضلع ساہیوال دا اِک مشہور شہر اے،
جِتّھے حضرت بابا فریدالدّین گنج شکر رحمۃ اللہ
علیہ دے مزار مبارک تے محرّم وِچ اِک بڑا وَڈّا
عُرس ہوندا اے۔ پاکستان دے پِنڈاں تے شہراں
وِچّوں ہزاراں دی تعداد وِچ لوکی ایس عُرس تے
آؤندے نیں تے رُوحانی فیض نال اپنیاں خالی
جھولیاں بھر کے لَے جاندے نیں۔

bābā farīd ganj šakar

pākpattan zilā sāhīwāl dā ik mašȕr šɛ́r e, jitthe hazrat bābā farīduddīn ganj šakar rahmatullāh alɛhi de mazār mubārak te* muharram wic ik baṛā waḍḍā urs hõdā e. pākistān de piṇḍā̃ te šɛ́rā̃ wiccõ hazārā̃ dī tādād wic lokī es urs te* aõde ne te rūhānī fɛz nāl apṇiyā̃ xālī còliyā̃ pàr ke lɛ jā̃de ne.

バーバー・ファリード・ガンジ・シャカル

パークパッタンはサーヒーワール県にある有名な町で，そこではハズラット・バーバー・ファリードゥッディーン・ガンジ・シャカルの聖廟でムハッラム月に盛大なウルスが催される。パーキスターンの村や町から何千という人々がこのウルスにやって来て，自分たちの空の（心の）小袋を精神的恩寵で満たして持って帰る。

پاکپتن パークパッタン(地名) **ضلع**〈男〉行政区の名称(県などに相当) **ساہیوال** サーヒーワール（地名） **دا**〈後〉～の **اک**〈男〉1〈形〉一つの **مشہور**〈形〉有名な **شہر**〈男〉町，市 **اے** コピュラ動詞 ہونا の現在・3・単 **جتھے**〈副〉関係副詞。基・パ p150 **حضرت**〈男〉最上級の敬称 **بابا فریدالدین گنج شکر** バーバー・ファリードゥッディーン・ガンジ・シャカル（人名） **رحمۃ اللہ علیہ**「アッラーの慈悲が彼にあらんことを」聖者などの名前の後につける **دے**【دا〈後〉～の】後ろに男性名詞・主格・複，斜格・単・複が来た場合。基・パ p42 **مزار**〈男〉（聖者などの）墓 **مبارک**〈形〉祝福された **تے**〈後〉～で **محرم**〈男〉ムハッラム月(イスラーム暦) **وچ**〈後〉～に **بڑا**〈副〉非常に **وڈا**〈形〉大きな **عرس**〈男〉スーフィー聖者の命日に催される祭り **ہوندا اے** 動詞 ہونا の現在形・男・単。基・パ p64 **پاکستان**〈男〉パーキスターン **پنڈاں**【پنڈ〈男〉村】の斜格・複。基・パ p43 **تے**〈接〉～と～ **شہراں** شہر の斜格・複 **وچوں**〈後〉～の中から，～から **ہزاراں**【ہزار〈男〉千】の斜格・複 **دی**〈後〉【دا〈後〉～の】後ろに女性名詞・単が来た場合の形 **تعداد**〈女〉数 **~دی تعداد وچ** ～という数で **لوکی**〈男〉人々(複数扱い) **ایس**〈代〉ایہہ の斜格形。基・パ p54, 67 **آؤندے نیں**【آؤنا〔自〕来る】の現在形・3・男・複 **روحانی**〈形〉精神的な **فیض**〈男〉恩恵 **نال**〈後〉～によって（手段），～とともに **اپنیاں**【اپنا〈形〉自分の】が女性名詞・複を修飾する場合の形 **خالی**〈形〉空の **جھولیاں**【جھولی〈女〉小さい袋】の斜格・複 **بھر کے**【بھرنا〔他〕満たす】の語幹＋接続分詞 کے「満たして」の意。基・パ p154 **لے جاندے نیں**【لیجاؤنا〔自〕持っていく】の現在形・3・男・複

بابا جی ساڈے اوہناں نیک تے پاک بزرگاں وِچّوں اِک اجیہی ہستی نیں، جیہناں لوکاں نُوں رَب دی سچّی راہ وکھاوݨ لئی اپݨی ساری حیاتی گُزار چھڈّی۔

بابا جی دا اصلی ناں مسعود تے لقب فرید الدّین اے، پر اوہ گنج شکر دے ناں نال مشہُور نیں۔ اوہناں نُوں گنج شکر کیوں آکھیا جاندا اے؟ ایس بارے بوہت ساریاں گلّاں مشہُور نیں، جیہناں وِچّوں اِک ایہہ وی اے پئی بابا جی دے بچپݨ وِچ اوہناں دی ماں اپݨے پُتّر نُوں نماز دی

bābā jī sāḍe ónā̃ nek te pāk buzurgā̃ wiccõ ik ajéī hastī ne, jénā̃ lokā̃ nū̃ rab dī saccī rá̃ wikhāõɳ laī apɳī sārī hayātī guzār chaḍḍī.

bābā jī dā aslī nā̃ mas'ūd te lakab farīduddīn e, par ó ganj šakar de nā̃ nāl mašȕr ne. ónā̃ nū̃ ganj šakar kiyõ ākhĕā jā̃dā e? es bāre bót sāriyā̃ gallā̃ mašȕr ne, jénā̃ wiccõ ik é vī e paī bābā jī de bacpaɳ wic ónā̃ dī mā̃ apɳe puttar nū̃ namāz dī

善良にして高潔な聖者のなかでも，バーバー・ジーは人々に神の正しい道を示すために自らの生涯を送った人物である。

バーバー・ジーの本名はマスウードで称号をファリードゥッディーンという。だが彼はガンジ・シャカルの名で有名である。彼はなぜガンジ・シャカルと呼ばれるのだろうか？　これについては多くの有名な逸話があるが，そのうちのひとつはこうである。バーバー・ジーの少年時代に彼の母は息子に礼拝の習慣を身につけさせようと，

بابا جیバーバー・ファリードに対する尊称　**ساڈے**【ساڈا〈代〉我々の】で後ろの名詞が男性名詞・主格・複，斜格・単の場合の形。基・パ p54　**اوہناں**〈代〉〈代形〉اوہ（複）の斜格形。基・パ p67　**نیک**〈形〉善良な　**پاک**〈形〉清らかな，高潔な　**بزرگ**〈男〉聖者　**اجیہی**【اجیہا〈形〉このような】基・パ p45　**ہستی**〈女〉存在　**جیہناں**〈代〉関係代名詞・斜格・複。جنہاںと同じ。基・パ p149。ここではنےが省略されている　**لوکاں**【لوک〈男〉人々】の斜格・複　**نوں**〈後〉～に，～を　**رب**〈男〉神　**سچی**【سچا〈形〉正しい】　**راہ**〈女〉道　**وکھاون**【وکھاؤنا〔他〕見せる】の不定詞・斜格形　**لئی**〈後〉～のために（目的）　**اپنی**【اپنا〈形〉自分の】　**ساری**【سارا〈形〉全～，全ての】　**حیاتی**〈女〉人生　**گزار چھڈی**【گزارنا〔他〕過ごす】の語幹＋چھڈناで複合動詞。基・パ p125。چھڈیは過去分詞・女・単　**اصلی**〈形〉本当の　**ناں**〈男〉名前　**مسعود**マスウード（人名）　**لقب**〈男〉称号　**پر**〈接〉しかし　**اوہ**〈代〉彼　**کیوں**〈副〉何故　**آکھیا جاندا اے**【آکھنا〔他〕言う】の過去分詞＋جاناで受動態。基・パ p146。جاندا اےは現在形・3・男・単　**بارے**〈後〉～について　**بوہت ساریاں**【بوہت سارا〈形〉非常に多くの】　**گلاں**【گل〈女〉話】の主格・複　**ایہہ**〈代〉これ　**وی**〈前接〉～も　**پئی**〈接〉～ということ。کہと同じ。基・パ p112　**بچپن**〈男〉少年時代　**ماں**〈女〉母　**اپنے**【اپنا〈形〉自分の】　**پتر**〈男〉息子　**نماز**〈女〉礼拝

عادت پاؤݨ لئی جانماز تھلّے شَکر دی پُڑی رکھ
دیندی سی تے آکھدی سی پئی اللہ تعالیٰ نماز
پڑھن والیاں نُوں شکر دیندا اے۔ اِک دیہاڑے
جدوں مائی صاحبہ گھر وِچ نہیں سَن، جانماز تھلّے
شکر دی پُڑی نہ رکھی جا سکی، پر بابا جی نے
اپنی عادت مُوجب نماز پڑھی تے جانماز دے
تھلّیوں شکر دی پُڑی لَے کے کھا چھڈی۔ کُجھ چِر
بعد جدوں مائی صاحبہ گھر آئے اوہناں نے پُچھیا

ādat pāõɳ laī jānamāz thalle šakar dī puṛī rakh dẽdī sī te ākhdī sī paī allāh taālā namāz páṛan wāliyā̃ nū̃ šakar dẽdā e. ik diā̀ṛe jadõ māī sāhibā kàr wic náī̃ sán, jānamāz thalle šakar dī puṛī na rakhī jā sakī, par bābā jī ne apɳī ādat mūjab namāz páṛī te jānamāz de thalliyõ šakar dī puṛī lɛ ke khā chaḍḍī. kúj cir bād jadõ māī sāhibā kàr āe ónā̃ ne pucchẽā

礼拝用の敷物の下に砂糖の包みを置いておき，偉大なるアッラーは礼拝する者に砂糖をお与えになるのだよと言っていた。ある日，母君は家を留守にして礼拝用の敷物の下に砂糖の包みを置けなかった。だが，バーバー・ジーは習慣に従って礼拝をし，敷物の下から砂糖の包みを取り出して食べてしまった。少しして母君が家に戻ってきて尋ねた。

عادت پاؤن [عادت پاؤنا] は「習慣をつける」の意。پاؤن は不定詞・斜格 **جانماز**〈女〉礼拝時に使用する敷物 **تهلے**〈後〉～の下に **شکر**〈男〉砂糖 **پڑی**〈女〉小さな包み **رکھ دیندی سی**【رکھنا〔他〕置く】の語幹＋دینا で複合動詞。دیندی سی は過去の継続・習慣・3・女・単。基・パ p118 **آکھدی سی**【آکھنا〔他〕言う】の過去の継続・習慣・3・女・単 **اللہ تعالیٰ** 至高なる神アッラー **نماز پڑھن والیاں** [نماز پڑھنا] は「礼拝をする」の意。پڑھنا の不定詞・斜格形＋والا で「～する人」。基・パ p137 **دیندا اے**【دینا〔他〕与える】の現在形・3・男・単 **اک دیہاڑے** ＋ اک【دیہاڑا〈男〉日】の斜格形で「ある日に」 **جدوں**〈接〉～の時に。英語の when に相当 **مائی**〈女〉母 **صاحبہ**〈女〉女性につける尊称。～さん，～様 **گھر**〈男〉家 **نہیں**〈副〉否定辞。～でない **سن** コピュラ動詞 ہونا の過去形・3・複。基・パ p75 **نہ**〈副〉否定辞。～でない **رکھی جا سکی**【رکھنا〔他〕置く】の過去分詞＋動詞 جانا で受動態。また جانا の語幹＋ سکنا で可能表現。سکنا の部分は過去分詞・女・単 **موجب**〈後〉～に従って，～通り **پڑھی** پڑھنا の過去分詞・女・単 **دے تھلیوں**〈後〉～の下から **لے کے**【لینا〔他〕取る】の語幹＋接続分詞 کے（～して） **کھا چھڈی**【کھانا〔他〕食べる】の語幹＋ چھڈنا で複合動詞。چھڈنا の部分は過去分詞・女・単 **کجھ**〈形〉幾らかの **چر**〈男〉時間の幅 **بعد**〈後〉～の後 **آئے**【آؤنا〔自〕来る】の過去分詞・男・複。パンジャービー語では女性を男性扱いして尊敬を表すことがある **پچھیا**【پچھنا〔他〕尋ねる】の過去分詞・男・単

فرید تُوں نماز پَڑھ لئی اے؟ بابا جی جواب وِچ
آکھیا ہاں نماز وی پڑھ لئی اے تے شکر وی
کھا لئی اے۔ امّاں جی پہلوں تے حیران ہوئے فیر
سمجھ گئے پئی اج شکر اللہ تعالیٰ نے اپنی
رحمت نال بھیج چھڈی اے۔ ایس دن توں بعد
امّاں جی اپنے پُتّر نُوں گنج شکر یعنی شکر دا
خزانہ آکھن لگ پئے۔

بابا جی 1188ء وِچ ملتان دے نیڑے اِک پنڈ
کوٹھےوال وِچ پیدا ہوئے۔ والد دا ناں شیخ جمال
الدّین سلیمان سی تے ماں دا ناں قرسم بی‌بی

farīd tū̃ namāz páṛ laī e? bābā jī jawāb wic ākhĕā hā̃ namāz vī páṛ laī e te šakar vī khā laī e. ammā̃ jī pélõ te hɛrān hoe fer samáj gae paī aj šakar allāh taālā ne apn̩ī rémat nāl pèj chaḍḍī e. es din tõ bād ammā̃ jī apn̩e puttar nū̃ ganj šakar yānī šakar dā xazānā ākhan̩ lag pae.

bābā jī san yārā̃ sɔ aṭhāsī īsvī wic multān de neṛe ik pin̩ḍ koṭhewāl wic pɛdā hoe. wālid dā nā̃ šɛx jamāluddīn sulɛmān sī te mā̃ dā nā̃ kursam bībī

「ファリードや，お前は礼拝をしたのかい？」

「うん，礼拝もしたし，砂糖も食べたよ」とバーバー・ジーは答えた。

母君は最初は驚いたが，今日は至高なるアッラーがお慈悲をたれて，砂糖を下されたのだと納得した。この日以降，母君は自分の息子をガンジ・シャカル，即ち砂糖の宝庫と呼び始めた。

バーバー・ジーは西暦1188年にムルターン近郊のコーテーワールという村に生まれた。父の名はシェイフ・ジャマールッディーン・スレーマーンと言い，母の名はクルサム・ビービーだった。

توں〈代〉おまえ　**پڑھ لئی اے** پڑھناの語幹＋لیناで複合動詞。لیناの過去分詞＋コピュラ動詞現在で現在完了形・3・女・単。基・パ p102　**جواب**〈男〉返事，答え　**ہاں**〈副〉ええ，うん　**کھا لئی اے** کھاناの語幹＋لیناで複合動詞。لیناの過去分詞＋コピュラ動詞現在で現在完了形・3・女・単　**اماں**〈女〉母　**پہلوں**〈副〉最初は　**حیران ہوئے** [حیران ہونا] は「驚く」の意。ہوئےは動詞ہوناの過去分詞・男・複　**فیر**〈副〉それから　**سمجھ گئے**【سمجھنا〔他〕理解する】の語幹＋جاناは複合動詞。گئےはجاناの過去分詞・男・複　**اج**〈副〉今日は　**رحمت**〈女〉慈悲　**بھیج چھڈی اے**【بھیجنا〔他〕送る】の語幹＋چھڈناは複合動詞。چھڈناの過去分詞＋コピュラ動詞現在で現在完了形　**دن**〈男〉日　**توں بعد**〈後〉～の後　**یعنی**〈副〉つまり　**خزانہ**〈男〉宝庫　**آکھن لگ پئے** آکھن不定詞・斜格形＋لگ پیناは「～し始める」の意　**ملتان** ムルターン（地名）　**دے نیڑے**〈後〉～の近くに　**کوٹھےوال** コーテーワール（地名）　**پیدا ہوئے** [پیدا ہونا] は「生まれる」の意。ہوئےは動詞ہوناの過去分詞・男・複　**والد**〈男〉父　**شیخ جمال الدین سلیمان** シェイフ・ジャマールッディーン・スレーマーン（人名）　**سی** コピュラ動詞ہوناの過去・3・単　**قرسم بی‌بی** クルサム・ビービー（人名）

سی۔ بابا جی اَجے نِکّے ای سَن جدوں باپ ایس
دُنیا توں چلے گئے۔ ایس لئی مُڈھلی تعلیم مائی
ہوراں کولوں حاصل کِیتی۔ ایہناں اپنے پُتّر نُوں
کُجھ ایس طریقے نال پڑھایا کہ اوہناں دے دِل
وِچ نِکّی عُمرے ای خُدا تے خُدا دے رسولؐ دی
محبّت لشکاں مارن لگ پئی تے اوہناں دی شرافت
تے پرہیزگاری، نیکی تے عِلم دا ذِکر تھاں تھاں تے
ہوݨ لگ پیا۔

بابا فرید جدوں اٹھاراں سالاں دے ہوئے تے
مائی صاحبہ نے اوہناں نُوں ہور عِلم حاصل کرن

sī. bābā jī aje nikke ī san jadõ bāp es duniyā tõ cale gae. es laī múḍlī tālīm māī horā̃ kolõ hāsal kītī. énā̃ apne puttar nū̃ kúj es tarīke nāl paṛā̀ĕā kĕ ónā̃ de dil wic nikkī umre ī xudā te xudā de rasūl dī muhabbat liškā̃ māran lag paī te ónā̃ dī šarāfat te parhezgārī, nekī te ilm dā zikar thā̃ thā̃ te* hoṉ lag pĕā.

bābā farīd jadõ aṭhārā̃ sālā̃ de hoe te▲ māī sāhibā ne ónā̃ nū̃ hor ilm hāsal karan

バーバー・ジーがまだ幼かった頃に父がこの世を去ってしまったため，最初の教育を母から受けた。母が施した教育によって息子の心に若いうちから神や神の使徒（ムハンマド）に対する愛情が輝きはじめ，息子の気高さと禁欲的生活，善良さと学識がいたるところで話されるようになった。バーバー・ファリードが18歳になると

اجے〈副〉まだ **نکے**【نکا〈形〉幼い】 **ای**〈前接〉「～なのに，～こそ」など強調する時に用いられる **باپ**〈男〉父 **دنیا**〈女〉世界，世の中 **توں**〈後〉～から **چلے گئے**［چلا جانا］は「出かける，行く」の意 **ایس لئی** このため（原因） **مڈھلی**【مڈھلا〈形〉最初の】 **تعلیم**〈女〉教育 **ہوراں**【ہوری〈男〉～さん】の斜格形 **کولوں**〈後〉～の許から **حاصل کیتی**［حاصل کرنا］は「得る」の意。کیتیは動詞کرناの過去分詞・女・単 **ایہناں**〈代〉ایہہ（複）の斜格形。ここではنےが省略されている **ایس طریقے نال** こういう方法で **پڑھایا**【پڑھاؤنا〔他〕教える】の過去分詞・男・単 **کہ**〈接〉～なので。この場合，方法を説明する節が次に来ている **دل**〈男〉心 **عمرے**【عمرا〈女〉年齢】女性名詞だが，語尾がāで終わる男性名詞と同じ変化をする。ここでは副詞的に「～な年齢で」の意 **خدا**〈男〉神 **رسول**〈男〉使徒（ムハンマドのこと） **محبت**〈女〉愛 **لشکاں مارن لگ پئی** ［لشکاں مارنا］は「輝く」の意。不定詞・斜格＋لگ پیناで「～し始める」の意 **شرافت**〈女〉気高さ **پرہیزگاری**〈女〉禁欲的生活 **نیکی**〈女〉善良さ **علم**〈男〉学識 **ذکر**〈男〉（人の）口に上ること **تھاں تھاں**【تھاں〈女〉場所】を繰り返して「至るところ」の意味となる **ہون لگ پیا** ［ذکر ہونا］は「口に上る」の意。ذکرとہوناの間に副詞句が挿入されている。不定詞斜格＋لگ پیناで「～し始める」の意 **اٹھاراں سالاں دے** 18歳の **ہوئے** ہوناの過去分詞・男・複 **ہور**〈形〉より以上の **کرن لئی** 動詞کرناの不定詞斜格＋لئی（～のために）

لئی ملتان بھیج دِتّا ۔ اوتھے اوہناں قرآن مجید
حِفظ کِیتا ۔ ملتان وِچ اوہناں دی ملاقات اوس
ویلے دے اِک بوہت وَڈّے بزرگ حضرت خواجہ
قطب الدّین بختیار کاکی رحمۃ اللہ علیہ نال
ہوئی ۔ ایہناں بابا جی نُوں اپنے مُریداں وِچ شامل
کر لیا تے اپنے نال دِلّی لے گئے ۔ کُجھ چِر دِلّی
رہن توں بعد خواجہ قطب الدّین بختیار کاکی نے
بابا جی نُوں اجودھن جا کے اِسلام دی تبلیغ کرن
دا حُکم دِتّا ۔ بابا جی ساری عُمر دِین دی تبلیغ
کردے رہے ۔ اخیر 1280ء وچ ایس دُنیا توں ٹُر گئے ۔

laī multān pèj dittā. othe ónā̃ kur'ān majīd hifz kītā. multān wic ónā̃ dī mulākāt os wele de ik bɔ́t waḍḍe buzurg hazrat xājā kutbuddīn baxtiyār kākī rahmatullāh alɛhi nāl hoī. énā̃ bābā jī nū̃ apṇe murīdā̃ wic šāmal kar lĕā te apṇe nāl dillī lɛ gae. kúj cir dillī rέṇ tõ bād xājā kutbuddīn baxtiyār kākī ne bābā jī nū̃ ajódan jā ke islām dī tablīğ karan dā hukam dittā. bābā jī sārī umar dīn dī tablīğ karde ráe. axīr san bārā̃ sɔ assī īsvī wic es duniyā tõ ṭur gae.

母はさらに学問を修得させるために彼をムルターンに送った。そこで彼はコーランを暗記した。ムルターンで彼は当時の偉大な聖者であるハージャー・クトゥブッディーン・バフティヤール・カーキーと出会った。彼はバーバー・ジーを自分の弟子に加え，デリーに連れて行った。しばらくの間，デリーに住んだ後，ハージャー・クトゥブッディーン・バフティヤール・カーキーはバーバー・ジーにアジョーダンに行ってイスラームの伝道をせよとの命令を下した。バーバー・ジーは生涯イスラームの布教を続け，ついには，1280年にこの世を去った。

بھیج دتا بھیجناの語幹＋ دیناは複合動詞。دتاは過去分詞・男・単 **اوتھے**〈副〉そこで **قرآن مجید**聖コーラン **حفظ کیتا**［حفظ کرنا］は「暗記する」の意。کیتاは過去分詞・男・単 **ملاقات**〈女〉出会い。［x دی ملاقات y نال ہونا］xはyと会う **ویلے**【ویلا〈男〉時，時代】 **بوہت**〈形〉非常に **خواجہ قطب الدین بختیار کاکی**ハージャ・クトゥブッディーン・バフティヤール・カーキー（人名） **ہوئی** ہوناの過去分詞・女・単 **مریداں**【مرید〈男〉弟子】の斜格・複 **شامل کر لیا**［شامل کرنا］は「加える」の意。کرناの語幹＋ لیناは複合動詞 **اپنے نال**自分と一緒に **دلی**デリー（地名） **لے گئے**【لے جانا〔自〕連れて行く】گئےは جاناの過去分詞・男・複 **رہن**【رہنا〔自〕住む】の不定詞・斜格 **توں بعد**〈後〉～の後に **اجودھن**アジョーダン（地名）。パークパッタンの旧名 **جا کے**【جانا〔自〕行く】の語幹＋接続分詞 کے（～して） **اسلام**〈男〉イスラーム教 **تبلیغ کرن**［تبلیغ کرنا］は「伝道する」の意。کرنは不定詞・斜格 **حکم دتا**［حکم دینا］は「命令する」の意。دتاは過去分詞・男・単 **دین**〈男〉宗教 **کردے رہے**現在分詞＋ رہناは継続を表す。基・パ・p135 **اخیر**〈形〉結局 **ٹر گئے**【ٹرنا〔自〕出発する】の語幹＋ جاناで複合動詞

بابا جی اِک اُچّے شاعر وی سَن۔ سِکّھ مذہب دی مُقدّس کتاب گرنتھ وِچ اوہناں دے اکثر شعر موجود نیں۔

اُنج تے بابا جی دے کارنامیاں نُوں یاد کرن لئی عُرس دی تیاری عیدالاضحیٰ توں ای شُروع کر دِتّی جاندی اے، پر محرّم دی پہلی تاریخ نُوں پاکپتن شریف وِچ لوکاں دا اِک وَڈّا اکٹّھ ہوندا اے۔ لوکی مزار شریف کول بیٹھ کے دِن رات قرآن پاک دی تلاوت تے اللہ دی عبادت وِچ رُجھے رہندے نیں۔ مزار دے نال ای اِک بوہت وَڈّی

bābā jī ik ucce šāir vī san. sikkh mázab dī mukaddas kitāb granth wic óñā de aksar šer mɔjūd ne.

unj te▲ bābā jī de kārnāmiyā̃ nū̃ yād karan laī urs dī tiārī īdul azhā tõ ī šurū kar dittī jā̃dī e, par muharram dī pélī tārix nū̃ pākpattan šarīf wic lokā̃ dā ik waḍḍā ikaṭṭh hõdā e. lokī mazār šarīf kol bɛṭh ke din rāt kur'ān pāk dī tilāwat te allāh dī ibādat wic rújje rẽ́de ne. mazār de nāl ī ik bɔ́t waḍḍī

バーバー・ジーは偉大な詩人でもあった。スィク教の聖典グラントに彼の多くの詩句がある。

バーバー・ジーの業績を思い起こすために，実はイードゥル・アズハー（犠牲祭）からウルスの準備が始められるのではあるが，ムハッラム月の一日になると聖地パークパッタンに多くの人が参集する。人々は高貴なる墓の許に座って，日夜，聖コーランを読誦し，アッラーへの礼拝に没頭しつづける。墓のすぐそばに大きなモスク（礼拝所）があり，

اچے【اچا〈形〉高い】 **شاعر**〈男〉詩人 **سکھ مذہب**〈男〉スィク教 **مقدس**〈形〉神聖な **کتاب**〈女〉本 **گرنتھ**〈男〉グラント（スィク教の聖典の名前） **اکثر**〈形〉多くの **شعر**〈男〉詩句 **موجود**〈形〉存在している **انج تے**実は **کارنامیاں**【کارنامہ〈男〉業績】 **یاد کرن**［یاد کرنا］は「思い出す」の意 **تیاری**〈女〉準備 **عیدالاضحیٰ**〈女〉イードゥル・アズハー（イスラーム教の犠牲祭） **شروع کر دتی جاندی اے**［شروع کرنا］は「始める」の意。語幹 کر＋دینا は複合動詞。دینا の過去分詞＋جانا は受動態 **محرم**〈男〉イスラーム暦1月 **پہلی**【پہلا〈形〉最初の，第一の】 **تاریخ**〈女〉日付，歴史。پہلی تاریخ نوں で「一日に」の意 **شریف**〈形〉高貴な（パークパッタンを形容している） **لوکاں**【لوک〈男〉人々】 **اکٹھ**〈男〉集まり **ہوندا اے** 動詞 ہونا の現在形・3・男・単 **مزار شریف** 高貴なる廟 **کول**〈後〉～のそばに **بیٹھ کے**【بیٹھنا〔自〕座る】の語幹＋接続分詞 کے（～して） **دن رات**〈副〉日夜 **قرآن پاک**〈男〉聖コーラン **تلاوت**〈男〉コーラン読誦 **اللہ**〈男〉アッラー（神） **عبادت**〈女〉礼拝 **رجھے**【رجھنا〔自〕没頭する】の過去分詞で「没頭した」という状態を表す形容詞。基・パ・p154。 **رہنوے نیں** رہنا はここでは「～し続ける」の意 **دے نال ای** ～のすぐそばに

مسجد اے، جس وِچ ہر نماز توں بعد دُرود
شریف دا وِرد ہوندا اے۔ علمائے کرام بابا جی
دی حیاتی تے تعلیمات بارے تقریراں کردے نیں تے
شاعر اپنی شاعری راہیں بابا جی دا ذِکر کردے
نیں۔

مزار دے کول ای قوالاں دِیاں جوڑیاں کافیاں تے
نعتاں پڑھدیاں رہندیاں نیں تے لوکی سندے تے اپنے
دِل وِچ اللّٰہ تعالیٰ دی یاد تازہ کردے نیں۔

ایس عُرس دی اِک خاص گل ایہہ وی اے پئی
بابا جی دے مزار دا اِک بُوہا اے، جس نُوں

masjid e, jis wic har namāz tõ bād darūd šarīf dā vird hõdā e. ulamā-e kirām bābā jī dī hayātī te tālīmāt bāre takrīrā̃ karde ne te šāir apn̥ī šāirī rā̃ī bābā jī dā zikar karde ne.

mazār de kol ī kawwālā̃ diyā̃ joṛiyā̃ kāfiyā̃ te nātā̃ páṛdiyā̃ rẽdiyā̃ ne te lokī sun̥de te apn̥e dil wic allāh taālā dī yād tāzā karde ne.

es urs dī ik xās gal é vī e paī bābā jī de mazār dā ik bū́ā e, jis nū̃

そこでは礼拝が終わるごとにムハンマドと彼の子孫を讃える祈りが詠まれる。偉大なイスラーム学者たちはバーバー・ジーの生涯や教えについて演説をし，詩人たちは自らの詩作でバーバー・ジーを語るのである。

墓のすぐそばではカッワールのグループがカーフィーやナアトを歌い続けており，人々はそれを聞いて，自分の心の中で偉大なる神アッラーへの想いを新たにしている。

このウルスの特徴として次のようなこともある。

مسجد〈女〉モスク。イスラーム教の礼拝所　**جس**〈代〉関係詞 **جو** の斜格・単　**ہر**〈形〉英語の every に相当　**درود شریف** ムハンマドと彼の子孫を讃える祈り **ورد**〈男〉暗唱　**علمائے کرام** 偉大なイスラーム学者たち　**تعلیمات**〈女〉教え　**کردے نیں** 動詞 کرنا の現在形・3・男・複　**شاعری**〈女〉詩作　**راہیں**〈後〉～によって（手段）　**ذکر کردے نیں** [x دا ذکر کرنا] は「x について述べる」の意　**قوالاں**【قوال〈男〉イスラーム聖者廟などで神秘主義的音楽カッワーリーを演奏する楽団の一員】　**جوڑیاں**【جوڑی〈女〉グループ】　**کافیاں**【کافی〈女〉パンジャービー詩の一分野。神秘主義を主題としたものが多い】　**نعتاں**【نعت〈女〉ムハンマドを賛美する詩】　**پڑھدیاں رہندیاں نیں** 現在分詞＋ رہنا で継続を表す。基・パ p135　**سندے**【سننا〔他〕聴く】ここではコピュラ動詞 ہونا の現在が省略されている　**یاد**〈女〉想い出　**تازہ کردے نیں** [تازہ کرنا] は「新たにする」の意　**خاص**〈形〉特別な　**گل**〈女〉こと　**بوہا**〈男〉門

بعض روایتاں مطابق بابا جی نے بہشتی دروازہ
آکھیا سی۔ ایہدے وِچّوں لنگھن لئی لوک قطار وِچ
کھلو جاندے نیں تے ایہہ قطار شہروں باہر تِیکر
چلی جاندی اے۔ پہلی محرم توں لے کے دس محرم
تک عُرس دی گھما گھمی رہندی اے۔ پاکستان
دے مقامی لوکاں توں وَکھ دُوجے مُلکاں وچوں وی
بابا فرید گنج شکر دے عقیدت‌مند عُرس دے
موقع تے آپ دے مزار اُتے حاضری دیندے نیں۔
تاریخ گواہ اے کہ آپ دی تبلیغ توں متاثر ہو کے
ہزاراں ہندوواں نے اسلام قبول کیتا۔

bāz riwāyatā̃ mutābik bābā jī ne bahištī darwāzā ākhĕā sī. é de wiccõ lánganɽ laī lok katār wic khalo jā̃de ne te é katār šérõ bā́r tīkar calī jā̃dī e. pélī muharram tõ lɛ ke das muharram tak urs dī gɛ́mā gɛ́mī rḗdī e. pākistān de mukāmī lokā̃ tõ wakh dūje mulkā̃ wiccõ vī bābā farīd ganj šakar de akīdatmand urs de mɔke te* āp de mazār utte hāzrī dẽde ne. tārīx gawā́ e kĕ āp dī tablīğ tõ mutāsar ho ke hazārā̃ hindūwā̃ ne islām kabūl kītā.

いくつかの伝承によれば，自分の墓となった所にある一つの扉をバーバー・ジーは天国の門と言ったとされている。この門をくぐりぬけるために，人々は列をなして立ち，この列は町の外にまで続くのである。ムハッラム月一日から十日までウルスの賑わいは続く。パーキスターンの地元の人々とは別に，他の国々からもバーバー・ファリード・ガンジ・シャカルの信奉者はウルスの機会に墓に参るのである。このかたの伝道に影響されて何千ものヒンドゥー教徒がイスラームを受け入れたことは歴史が証人となっている。

بعض 〈形〉幾つかの　**روایتاں**【روایت〈女〉伝説】　**مطابق**〈後〉～によると　**بہشتی دروازہ** 天国の門　**آکھیا سی** آکھنا の過去完了形・3・男・単。基・パ p107　**ایہدے وچوں** この中から　**لنگھن لئی**【لنگھنا〔自〕通り過ぎる】の不定詞・斜格＋後置詞 لئی（～するために）　**قطار**〈女〉列。قطار وچ 列をなして　**کھلو جاندے نیں**【کھلوتا〔自〕立つ】の語幹＋جانا で複合動詞　**شہروں** شہر＋توں 町から。基・パ p73　**باہر**〈副〉外に　**تیکر**〈後〉～まで　**چلی جاندی اے** ここでは چلا جانا は「続く」の意　**توں لے کے** ～から　**دس**〈男〉10〈形〉10の　**تک**〈後〉～まで　**گھما گھمی**〈女〉賑わい　**رہندی اے**【رہنا〔自〕続く】の現在形・3・女・単　**مقامی**〈形〉地元の　**توں وکھ**〈後〉～とは別に　**دوجے**【دوجا〈形〉他の，二番目の】　**ملکاں**【ملک〈男〉国】　**عقیدت‌مند**〈男〉信仰する者　**موقع**〈男〉機会。دے موقع تے ～の機会に　**حاضری دیندے نیں** [حاضری دینا] は「参拝する」の意　**گواہ**〈男〉証人　**متاثر ہو کے** [متاثر ہونا] は「影響を受ける」の意　**ہندوواں**【ہندو〈男〉ヒンドゥー教徒】　**قبول کیتا** [قبول کرنا] は「受け入れる」の意

میلہ شالامار

پنجاب دی دھرتی میلیاں دی دھرتی اے۔ شاید
ای کوئی پنڈ یا شہر اجیہا ہووے، جتھے ہر سال
کوئی نہ کوئی میلہ یا عُرس نہ ہوندا ہووے۔
کُجھ میلے بزرگاں دے مزاراں تے لگدے نیں، جیہناں
وِچ مذہبی عقیدت دا رنگ شامل ہوندا اے تے
کُجھ میلیاں دا تعلق موسم نال اے۔ ایہہ موسمی
میلے وی ساڈی زندگی دا اِک لازمی حصّہ نیں۔

melā šālāmāl

panjāb dī tàrtī meliyā̃ dī tàrtī e. šāid ī koī piṇḍ yā šέr ajéā hove, jitthe har sāl koī na koī melā yā urs na hõdā hove. kúj mele buzurgā̃ de mazārā̃ te* lagde ne, jénā̃ wic mázabī akīdat dā rang šāmal hõdā e te kúj meliyā̃ dā taallak mɔsam nāl e. é mɔsamī mele vī sāḍī zindagī dā ik lāzmī hissā ne.

シャーラーマール祭り

パンジャーブは様々な祭りの土地である。毎年，何かの祭りやウルスのないような村や町はない。いくつかの祭りは聖者の廟で開かれ，それらには宗教的信仰の色彩が含まれている。そしていくつかの祭りは季節と関係がある。これらの季節の祭りは私たちの生活の必要不可欠な部分となっている。

میلہ〈男〉祭り　**شالامار** シャーラーマール，庭園の名前　**پنجاب** パンジャーブ（地名）　**دھرتی**〈女〉土地，大地　**میلیاں** میلہの斜格・複　**دی** 後置詞 داで後続の名詞が女性・単の場合　**اے** コピュラ動詞 ہوناの現在・3・単　**شاید**〈副〉多分。強調の前接辞 ای をともなうと「多分〜ないだろう」の意味になる　**کوئی**〈形〉何かの　**پنڈ**〈男〉村　**یا**〈接〉または　**شہر**〈男〉市，町　**اجیہا**〈形〉このような　**ہووے** 動詞 ہوناの不確定未来形・3・単。基・パ p93　**جتھے**〈副〉関係詞。〜する場所に。基・パ p150　**ہر**〈形〉毎〜　**سال**〈男〉年。ہر سالで「毎年」の意　**کوئی نہ کوئی** 何らかの　**عرس**〈男〉イスラーム聖者の命日とその祭り　**نہ**〈副〉否定辞。〜ない　**ہوندا ہووے** 動詞 ہوناの現在分詞＋ہوناの不確定未来形。ここでは推測を表している　**کجھ**〈形〉幾つかの　**میلے** میلہの主格・複　**بزرگاں**【بزرگ〈男〉イスラーム聖者】の斜格・複　**مزاراں**【مزار〈男〉（聖者などの）墓】の斜格・複　**تے**〈後〉〜で　[**میلہ لگنا**] 祭りが開かれる　**لگدے نیں** 動詞 لگناの現在形・3・男・複　**جیہناں** 関係詞 جوの斜格・複　**وچ**〈後〉〜の中で　**مذہبی**〈形〉宗教の　**عقیدت**〈女〉信仰　**رنگ**〈男〉色，色彩　**شامل ہوندا** [شامل ہونا] 含まれる。ہوندا اے 基・パ p64　**موسم**〈男〉季節　[**x دا تعلق y نال ہونا**] x は y と関係がある　**موسمی**〈形〉季節の　**وی**〈前接〉〜も　**ساڈی** 人称代名詞・所有格 ساڈا（我々の）が修飾する名詞が女性・単の場合　**زندگی**〈女〉人生，生活　**اک**〈形〉1つの　**لازمی**〈形〉必須の　**حصہ**〈男〉部分　**نیں** コピュラ動詞 ہوناの現在・3・複

میلیاں وِچ شہری، پینڈو، امیر، غریب، بُڈّھے،
جوان تے بچے اِکّو تھاں اکٹھے ہوندے نیں۔ ایتھے
رشتےداراں تے یاراں دوستاں نال ملاقات وی
ہو جاندی اے تے اِنج میلے دیاں رونقاں تے خوشیاں
دوہریاں ہو جاندیاں نیں۔

میلہ شالامار جیہنوں میلہ چراغاں وی کہیا
جاندا اے، شالامار باغ دے کول شاہ حسین دے
مزار تے ہر سال مارچ دے مہینے دے آخری ہفتے تے

meliyā̃ wic šérī, peṇḍū, amīr, ğarīb, búḍḍe, jawān te bacce ikko thā̃ ikaṭṭhe hõde ne. ethe rištedārā̃ te yārā̃ dostā̃ nāl mulākāt vī ho jā̃dī e te inj mele diyā̃ rɔnakā̃ te xušiyā̃ dóriyā̃ ho jā̃diyā̃ ne.

melā šālāmāl jénū̃ melā cirāğā̃ vī kéā jā̃dā e, šālāmār bāğ de kol šāh husɛn de mazār te* har sāl mārc de maìne de āxirī hafte te

祭りには町の人，村人，富める者，貧しい者，老人，若者，子供が一ヶ所に集まる。そこでは親類や友達とも出会い，こうして祭りの賑やかさと喜びは倍増するのである。

メーラー・チラーガーンとも呼ばれるシャーラーマール祭りはシャーラーマール庭園に隣接するシャー・フサインの廟で毎年3月の

شہری〈男〉市民，町民　**پینڈو**〈男〉村人　**امیر**〈男〉富める者　**غریب**〈男〉貧者　**بڈھے**【بڈھا〈男〉年寄り】の主格・複　**جوان**〈男〉若者　**تے**〈接〉～と～　**بچے**【بچہ〈男〉子供】の主格・複　**اکو**〈形〉一つだけの　**تھاں**〈女〉場所。اکو تھاں 一ヶ所に　**اکٹھے ہوندے**［اکٹھا ہونا］集まる。ہوندے نیں動詞ہوناの現在形・3・複　**ایتھے**〈副〉ここに　**رشتےداراں**【رشتےدار〈男〉親戚】の斜格・複　**یاراں**【یار〈男〉友人】の斜格・複　**دوستاں**【دوست〈男〉友人】の斜格・複。یارの方がより近しい間柄　**ملاقات**〈女〉会うこと。［ملاقات ہونا x دے نال］x と会う　**ہو جاندی اے**動詞ہوناの語幹＋جاناで複合動詞。جاندی اےは現在形・3・女・単　**انج**〈副〉このようにして　**دیاں**後置詞داで，後続の名詞が女性・複の場合　**رونقاں**【رونق〈女〉賑わい】の主格・複　**خوشیاں**【خوشی〈女〉喜び】の主格・複　**دوہریاں**【دوہرا〈形〉2倍の】が主語であるخوشیاں女性・複に一致した形　**ہو جاندیاں نیں**動詞ہوناの語幹＋جاناで複合動詞。جاندیاں نیںは現在形・3・女・複　**جیہنوں**関係詞جوと後置詞نوںの融合形　**چراغاں**〈男〉イルミネーション　**کہیا جاندا اے**【کہنا〔他〕言う】の過去分詞＋جاناで受動態。جاندا اےは現在形・3・男・単　**باغ**〈男〉庭園　**دے کول**〈後〉～のもとに，～のそばに　**شاہ حسین**シャー・フサイン（人名）　**مارچ**〈男〉3月　**مہینے**【مہینہ〈男〉月】の斜格・単　**آخری**〈形〉最後の　**ہفتے**【ہفتہ〈男〉土曜日】の斜格・単

ایتوار نوں لگدا اے۔ شالامار باغ لہور دے چڑھدے بنّے تن کوہ دے پندھ تے باغبانپورے وچ اے۔

میلہ شالامار اک اجیا میلہ اے، جیہڑا موسمی، علاقائی تے قومی وَڈیائیاں نُوں اِکّو تھاں اِکٹھا کر دیندا اے۔ اصل وِچ ایہہ جشن فصلاں دے پکّن دی خُوشی وِچ منایا جاندا اے۔ کیوںجے ایس میلے مگروں کنکاں دی واڈھی شروع ہو جاندی اے۔

میلہ شالامار بڑا تاریخی میلہ وی اے۔ ایسے لئی ایس دی تیاری بوہت پہلاں شروع ہو جاندی

ɛtwār nū̃ lagdā e. šālāmār bāğ lɔr de cáṛde banne tin kó de pánd te* bāğbānpure wic e. melā šālāmār ik ajḗā melā e, jéṛā mɔsamī, ilākāī te kɔmī waḍiyāiyā̃ nū̃ ikko thā̃ ikaṭṭhā kar dēdā e. asl wic é jašn faslā̃ de pakkaɳ dī xũšī wic manāẽā jā̃dā e. kiyõje es mele magrõ kaɳkā̃ dī wā́ḍī šurū ho jā̃dī e.

melā šālāmār baṛā tārīxī melā vī e. ese laī es dī tiārī bɔ́t pɛ́lā̃ šurū ho jā̃dī

最終土曜日と日曜日に催される。シャーラーマール庭園はラーホールの東方3コーの距離にあるバーグバーンプラーにある。シャーラーマール祭りは季節や地域や民族の偉大さを一ヶ所に集めるものである。もともとこの祭りは作物の実りを喜んで祝われるのである。というのは，この祭りのあと小麦の刈り取りが行われるからである。

シャーラーマール祭りはとても歴史的な祭りでもある。このためこの祭りの準備はかなり前に始まる。

ایتوار〈男〉日曜日。ایتوار نوں で「日曜日に」。基・パ p88 **لگدا اے** 現在形・3・男・単 **لہور** ラーホール（地名） **چڑھدے**【چڑھنا〔自〕昇る】の現在分詞。ここでは（太陽が昇る）に由来する「東の」という意味の形容詞 **بنے**【بنا〈男〉方角】の斜格・単。ここでは「(～の) 方角に」の意 **تن**〈男〉3〈形〉3の **کوہ**〈男〉距離の単位。約2.4キロ **پندھ**〈男〉距離 **باغبانپورے**【باغبانپورہ バーグバーンプラー（地名)】の斜格 **جیہڑا**〈名〉〈形〉関係詞。基・パ p149 **علاقائی**〈形〉地域の **قومی**〈形〉民族の **وڈیائیاں**【وڈیائی〈女〉偉大さ】の斜格・複 **اکٹھا کر دیندا اے** [اکٹھا کرنا] 集める。کر دیندا اے は کرنا の語幹＋ دینا で複合動詞。دیندا اے は現在形・3・男・単 **اصل**〈女〉起源。اصل وچ で「元来は」の意 **جشن**〈男〉祭り **فصلاں**【فصل〈女〉作物】の斜格・複 **پکن**【پکنا〔自〕実る】の不定詞・斜格 **خوشی**〈女〉喜び。خوشی وچ で「喜んで」の意 **منایا جاندا اے**【مناؤنا〔他〕祝う】の過去分詞＋ جانا で受動態。جاندا اے は現在形・3・男・単 **کیوں جے**〈接〉何故なら **ایس** 代名形容詞 ایہہ の斜格形 **مگروں**〈後〉～の後に **کنکاں**【کنک〈女〉小麦】の斜格・複 **واڈھی**〈女〉刈り取り **شروع ہو جاندی اے** [شروع ہونا] 始まる。ہو جاندی اے は ہونا の語幹＋ جانا で複合動詞。جاندی اے は現在形・3・女・単 **بڑا**〈副〉非常に **تاریخی**〈形〉歴史的な **ایسے** ایس の強調形 **لئی**〈後〉～のために。ایسے لئی まさしくこのために（理由） **تیاری**〈名〉準備 **بوہت**〈副〉非常に **پہلاں**〈副〉以前に

اے۔ جُمعے دے دیہاڑے توں ای لوکاں دیاں ٹولیاں،
ڈھول ڈھمکّے نال ٹُر پیندیاں نیں تے ہفتے دے دن
لہور دیاں سڑکاں تے ایہہ ٹولیاں گاؤندیاں تے
بھنگڑے پاؤندیاں شالامار ول لگیاں جاندیاں نیں۔

پرانیاں تاریخی کتاباں تے وڈیری عُمر دے لوک
دسدے نیں پئی پہلے وقتاں وِچ ایہہ میلہ بڑے
ٹھاٹھ نال لگدا سی۔ لہور دے وسنیک تے میلے
دے شوقین میلے توں پہلاں باغ دے اندر
چھولداریاں لا لیندے سن تے جنّے دیہاڑے میلہ

e. jume de diā̀ṛe tõ ī lokā̃ diyā̃ ṭoliyā̃, ṭòl ṭamàkke nāl ṭur pẽdiyā̃ ne te hafte de din lɔ̀r diyā̃ saṛkā̃ te* é ṭoliyā̃ gā̃õdiyā̃ te pàngṛā pā̃õdiyā̃ šālāmār wal lagiyā̃ jā̃diyā̃ ne.

purāɳiyā̃ tārīxī kitābā̃ te waḍerī umar de lok dasde ne paī pɛ́le waktā̃ wic é melā baṛe ṭhāṭh nāl lagdā sī. lɔ̀r de wasnīk te mele de šɔkīn mele tõ pɛ́lā̃ bāğ de andar chɔldāriyā̃ lā lẽde san te jinne diā̀ṛe melā

金曜の昼間から人々のグループは楽器を鳴らし，出発する。そして土曜日にはラーホールの路上でこれらのグループは歌ったりバングラー踊りをしたりしながらシャーラーマールの方へ行き続ける。

古い歴史書やお年寄りの語るところによると，以前この祭りはとても盛大に催されていた。ラーホールの住民や祭り好きな人々は，祭りより前に庭園の中に小さなテントを張り，祭りが続く間，

جمعے【جمعہ〈男〉金曜日】の斜格・単 **دیہاڑے**【دیہاڑا〈男〉日】の斜格・単 **ای**〈前接〉強調を表す **لوکاں**【لوک〈男〉人々】の斜格・複 **ٹولیاں**【ٹولی〈女〉グループ】の主格・複 **ڈھول**〈男〉太鼓 **ڈھمکے**【ڈھمکا〈男〉太鼓をドンドン打つこと】の斜格・単 **ٹر پیندیاں**［ٹر پینا］出発する。پیندیاں نیں 現在形・3・女・複 **دن**〈男〉日。دے دن ～の日に **سڑکاں**【سڑک〈女〉道】の斜格・複 **گاؤندیاں**【گاؤنا〔他〕歌う】の現在分詞・女・複。付帯状況「～しながら」を表す **بھنگڑے**【بھنگڑا〈男〉バングラー踊り】の主格・複。［بھنگڑا پاؤنا］バングラーを踊る **پاؤندیاں** پاؤنا の現在分詞・女・複。付帯状況「～をしながら」を表す **ول**〈後〉～の方へ **لگیاں**【لگنا〔自〕くっつく】の過去分詞・女・複。後続の動詞に継続のニュアンスを付加する **جاندیاں نیں**【جانا〔自〕行く】の現在形・3・女・複 **پرائیاں**【پرانا〈形〉古い】 **کتاباں**【کتاب〈女〉本】の主格・複 **وڈیری**【وڈیرا〈形〉歳を取った】 **عمر**〈女〉年齢 **دسدے نیں**【دسنا〔他〕語る】の現在形・3・男・複 **پئی**〈接〉(次の節の内容）ということ **پہلے**【پہلا〈形〉以前の】 **وقتاں**【وقت〈男〉時，頃】の斜格・複 **ٹھاٹھ**〈男〉盛大さ。ٹھاٹھ نال 盛大に **لگدا سی** 習慣・継続の過去・3・男・単 **وسنیک**〈男〉住民 **شوقین**〈男〉愛好家 **توں پہلاں**〈後〉～より前に **دے اندر**〈後〉～の中に **چھولداریاں**【چھولداری〈女〉テント】の主格・複。［چھولداری لاؤنا］テントを張る **لالیندے سن** لاؤنا の語幹＋لینا で複合動詞。لیندے سن は継続・習慣の過去・3・男・複 **جنے** جنا 関係詞。基・パ p150

رہندا سی، اوہ وی اوتھے ای رہندے سن۔ دعوتاں ہوندیاں، دن ویلے باغ دی سیر کردے تے رات نُوں قوالیاں، نقلاں تے میلے دیاں ہور رونقاں ویکھدے۔ باغ تے مزار اُتّے روپ چڑھیا ہوندا سی۔ فوّاریاں والیاں نہراں دے دوالے تے شاہ حسین دے مزار تے دیویاں دی لو ہوندی تے سارا باغ دیویاں بھریا نظریں آؤندا سی۔

ویلے دے نال نال ایہہ گلّاں تے نہ رہیاں پر

rɛ̃́dā sī, ó vī othe ī rɛ̃́de san. dāwatā̃ hõdiyā̃, din wele bāğ dī sɛr karde te rāt nū̃ kawwāliyā̃, naklā̃ te mele diyā̃ hor rɔnakā̃ wekhde. bāğ te mazār utte rūp cáṛdā hõdā sī. fawwāriyā̃ wāliyā̃ nérā̃ de duāle te šā́ husɛn de mazār te* dīviyā̃ dī lo hõdī te sārā bāğ dīviyā̃ pàrĕyā nazrī̃ āõdā sī.

wele de nāl nāl é gallā̃ te▲ na ráiyā̃ par

彼らもそこにいたということである。パーティーが開かれ，彼らは昼間は庭園を散歩し，夜はカッワーリー，道化・物真似やそのほかの賑わいを見物していた。庭園と墓廟はより美しくなり，噴水のある水路の周辺やシャー・フサインの墓廟にはランプの明かりがともされ，庭園全体がランプで埋め尽くされているように見えていた。

時（の移り変わり）とともに，こうしたことはなくなったが，

رہندا سی【رہنا〔自〕続く，残る，住む】の継続・習慣の過去・3・男・単 **اوتھے**〈副〉そこに **رہندے سن**継続・習慣の過去・3・男・複 **دعوتاں**【دعوت〈女〉パーティー】の主格・複 **ہوندیاں**ہونا の現在分詞・女・複。継続・習慣の過去で最後のコピュラ動詞 ہونا の過去が省略されている **ویلے**【ویلا〈男〉時】の斜格・単。「～の時に」の意 **سیر**〈女〉散歩。[x دی سیر کرنا] x を散歩する **کردے**کرنا の現在分詞・男・複。継続・習慣の過去でコピュラ動詞 ہونا の過去が省略されている **رات**〈女〉夜。رات نوں 夜に。基・パ p88 **قوالیاں**【قوالی〈女〉聖者廟でウルスの際に唱われる歌】の主格・複 **نقلاں**【نقل〈女〉道化・物真似】の主格・複 **ہور**〈形〉他の **ویکھدے**【ویکھنا〔他〕見る】の現在分詞・男・複。継続・習慣の過去でコピュラ動詞 ہونا の過去が省略されている **روپ چڑھیا**［روپ چڑھنا］より美しくなる。چڑھیا は過去分詞・男・単で状態を表す **فواریاں**【فوارہ〈男〉噴水】の斜格・複 **والیاں** والا は名詞の後に来て「～と関係がある，～のある」という意味の形容詞句になる。基・パ p137 **نہراں**【نہر〈女〉水路】の斜格・複 **دے دوالے**〈後〉～の周りに **دیویاں**【دیوا〈男〉ランプ】の斜格・複 **لو**〈女〉明かり **ہوندی**ہونا の現在分詞。コピュラ動詞 ہونا の過去が省略されている **سارا**〈形〉全～，～全体 **بھریا**【بھرنا〔自〕いっぱいになる】の過去分詞で「いっぱいになった」という状態を表す **نظریں آؤندا سی**［نظریں آؤنا］見える。آؤندا سی は継続・習慣の過去・3・男・単 **دے نال نال**【دے نال〈後〉～とともに】の強調 **گلاں**【گل〈女〉話，事】の主格・複 **رہیاں**رہنا の過去分詞・女・複 **پر**〈接〉しかし

میلہ ویکھن والیاں دے شوق وِچ کوئی ایڈا فرق نئیں پیا۔ پہلاں ایہہ میلہ باغ دے اندر لگدا سی، پر ہُن ایہہ باغ دے باہر لگدا اے۔ ایس واسطے کہ باغ دے رُوپ تے خوبصورتی وِچ فرق نہ پوے تے نالے بُوٹے وی لوکاں دے پَیراں دی لتاڑی توں بچے رہن۔

اَج وی میلے دی رونق ویکھن والی ہوندی اے۔ محکمہ اوقاف تے ادبی انجمناں وَلّوں شاہ حسین دے مزار تے فاتحہ‌خوانی کِیتی جاندی اے تے پُھلّاں دِیاں چادراں چڑھائیاں جاندیاں نیں، دیوے بالے

melā wekhaṉ wāliyā̃ de šɔk wic koī eḍā fark náī̃ pĕā. pɛ́lā̃ é melā bāğ de andar lagdā sī, par huṉ é bāğ de bā́r lagdā e. es wāste kĕ bāğ de rūp te xūbsūratī wic fark na pave te nāle būṭe vī lokā̃ de pɛrā̃ dī latāṛī tõ bace réṉ.

aj vī mele dī rɔnak wekhaṉ wālī hõdī e. mɛ́kmā ɔkāf te adabī anjumanā̃ wallõ šā́ husɛn de mazār te* fātihaxānī kītī jā̃dī e te phullā̃ diyā̃ cādarā̃ caṛā̀iyā̃ jā̃diyā̃ ne, dīve bāle

祭りを見物する人々の熱意にそれほどの相違は生じなかった。以前この祭りは庭園の中で行われていたが，今は外で催されている。それは庭園の美観が損なわれたり，植物が人々の足で踏まれるのを防止するためである。

今日でも祭りの賑わいは見るに値するものである。オウカーフ省と文学団体の側からシャー・フサインの墓でファーティハが詠まれ，花のチャーダルがかけられる。ランプが点され，

ویکھن والیاں【ویکھن والا見物する人】の斜格・複。基・パ p137 **شوق**〈男〉熱意 **کوئی**〈形〉何らかの **ایڈا**〈形〉それほどの（程度） **فرق**〈男〉相違，差。[x وچ فرق پینا] xに差が生じる **ہن**〈副〉今 **دے باہر**〈後〉～の外に **ایس واسطے کہ**（کہ以下の節で理由が示される）というのは～なので **روپ**〈男〉姿，形 **خوبصورتی**〈女〉美しさ [**فرق پینا**] 差ができる **پوے** پیناの不確定未来形・3・単 **نالے**〈副〉それとともに **بوٹے**【بوٹا〈男〉植物】の主格・複 **پیراں**【پیر〈男〉足】の斜格・複 **لتاڑی**〈女〉踏むこと **بچے رہن**【بچنا〔自〕救われる】の過去分詞・男・複で「救われた」という状態を表す。رہنは رہناの不確定未来形・3・男・複 **اج**〈副〉今日 **ویکھن والی**【ویکھنا〔他〕見る】の不定詞・斜格＋والا。ここでは「見るに値する」の意 **ہوندی اے** ہوناの現在形・3・女・単 **محکمہ اوقاف** オウカーフ省（宗教関連） **ادبی**〈形〉文学の **انجمناں**【انجمن〈女〉団体】の斜格・複 **ولوں**〈後〉～の側から **فاتحہ‌خوانی**〈女〉コーランの序章を詠むこと **کیتی جاندی اے** کرناの過去分詞＋جاناで受動態。جاندی اےは現在形・3・女・単 **پھلاں**【پھل〈男〉花】の斜格・複 **چادراں**【چادر〈女〉ベール】の主格・複 **چڑھائیاں جاندیاں نیں**【چڑھاؤنا〔他〕掛ける】の過去分詞＋جاناで受動態。جاندیاں نیںは現在形・3・女・複 **دیوے**【دیوا〈男〉ランプ】の主格・複 **بالے جاندے نیں**【بالنا〔他〕燃やす】の過去分詞＋جاناで受動態。جاندے نیںは現在形・3・男・複

جاندے نیں۔ بھنڈارے ونڈے جاندے نیں۔ ملنگاں
دیاں ٹولیاں ڈھولاں دے ڈگیاں تے لڈّی تے بھنگڑے
پاؤندیاں نیں۔ لوک ایس صُوفی شاعر دے مزار تے
مَنتاں مَندے نیں، جیہڑا اپنی ساری حیاتی نفرت،
تنگدلی تے وَیر مُکاؤن لئی انسان دوستی، پیار تے
خلوص دا درس دیندا رہیا۔ چار چوفیرے رنگ
برنگیاں دکاناں سجیاں ہوندیاں نیں۔ کِتے مٹھائی
تے کِتے کھڈاؤنے وِک رہے ہوندے نیں، تے ایہناں
ہٹّیاں تے دب وکری ہوندی اے۔ پنگھوڑے، تھئیٹر
تے سرکس ویکھن والیاں دی بِھیڑ ہوندی اے۔

jā̃de ne. pàṇḍ̣āre waṇḍe jā̃de ne. malāgā̃ diyā̃ ṭoliyā̃ ṭòlā̃ de ḍaggiyā̃ te* luḍḍī te pàngṛe pāõ̃diyā̃ ne. lok es sūfī šāir de mazār te* mannatā̃ mande ne, jéṛā apṇī sārī hayātī nafarat, tangdilī te vɛr mukāõṇ laī insān-dostī, piyār te xalūs dā dars dēdā réā. cār cufere rang-barangiyā̃ dukānā̃ sajiyā̃ hõdiyā̃ ne. kite miṭhāī te kite khiḍāõṇe vik ráe hõde ne, te énā̃ haṭṭiyā̃ te* dab vikrī hõdī e. pāgû̃ṛe, thieṭar te sarkas wekhaṇ wāliyā̃ dī pı̀ṛ hõdī e.

無料の食べ物が配られる。マラングたちのグループが太鼓の音やリズムにのってルッディーやバングラーを踊る。憎しみや非情さや敵意をなくすために，人間愛，愛と誠実さを生涯説きつづけたこのスーフィー詩人の墓で人々は願掛けをする。周囲全体には色とりどりの屋台がたっており，お菓子やおもちゃが売られている。これらの店ではたくさん物が売れている。そして観覧車（に乗る人）や芝居やサーカスを見る人々でごったがえすのである。

بھنڈارے【بھنڈارا〈男〉無料の食べ物】の主格・複 **ونڈے جاندے نیں**【ونڈنا〔他〕配る】の過去分詞＋جانا で受動態。جاندے نیں は現在形・3・男・複 **ملنگاں**【ملنگ〈男〉聖者廟などにいる乞食】 **ڈھولاں**【ڈھول〈男〉太鼓】の斜格・複 **ڈگیاں**【ڈگا〈男〉（太鼓の）音やリズム】の斜格・複 **لڈی**〈女〉西パンジャーブの民族舞踊 **صوفی**〈男〉イスラーム神秘主義者 **شاعر**〈男〉詩人 **منتاں**【منت〈女〉願（がん)】の主格・複。[منت منتا] 願掛けをする **جیہڑا**〈名〉〈形〉関係詞。基・パ p149 **اپنی**【اپنا〈形〉自分の】 **حیاتی**〈女〉人生 **نفرت**〈女〉憎しみ **تنگدلی**〈女〉狭量さ **ویر**〈男〉敵意 **مکاؤن**【مکاؤنا〔他〕終わらせる】の不定詞・斜格 **انسان دوستی**〈女〉人間愛 **پیار**〈男〉愛 **خلوص**〈男〉誠実さ **درس**〈男〉教え。[درس دینا] 教える。دینا رہیا は دینا の現在分詞＋رہنا で継続。基・パ p135。رہیا は過去分詞・男・単 **چار چوفیرے**〈副〉あたり全体 **رنگ برنگیاں**【رنگ برنگا〈形〉色々な】 **دکاناں**【دکان〈女〉店】の主格・複 **سجیاں**【سجنا〔自〕飾りたてられる】の過去分詞・女・複。ここでは「飾り立てられた」という状態を示す **ہوندیاں نیں** ہونا の現在形・3・女・複 **کتے**〈副〉どこかで **مٹھائی**〈女〉お菓子 **کھڈاؤنے**【کھڈاؤنا〈男〉おもちゃ】の主格・複 **وک رہے ہوندے نیں**【وکنا〔自〕売られる】の語幹＋رہنا の過去分詞＋ہونا の現在形で現在進行形 **ایہناں** 代名形容詞 ایہہ（複数）の斜格 **ہٹیاں**【ہٹی〈女〉店】の斜格・複 **دب**〈形〉大量の **وکری**〈女〉売れること **پنگھوڑے**【پنگھوڑا〈男〉観覧車】の主格・複 **تھیئٹر**〈男〉芝居 **سرکس**〈男〉サーカス **ویکھن والیاں**【ویکھن والا 見物人】の斜格・複 **بھیڑ**〈女〉群集

ایہہ میلہ حضرت شاہ حسین دی یاد وِچ لگدا اے۔ شاہ حسین نصیرالدین ہمایوں بادشاہ دے سمے 1538ء وِچ جمے تے جلالالدین اکبر بادشاہ دے عہد وِچ پروان چڑھے۔ ایہناں دے وڈ وڈیریاں اسلام قبول کیتا۔ اوہناں دے والد دا ناں شیخ عثمان سی۔ شاہ حسین نے اپنی جوانی بڑی سخت عبادت تے پرہیزگاری وِچ گزاری۔ دن نُوں روزے رکھدے تے ساری ساری رات دریا دے کنڈھے تے قرآن مجید دی

é melā hazrat šā́ husɛn dī yād wic lagdā e. šā́ husɛn nasīruddīn humāyū̃ bādšā́ de same san pandrā̃ sɔ aṭhattī īsvī wic jamme te jalāluddīn akbar bādšā́ de ɛ́d wic parwān cáṛe. énā̃ de vaḍ-vaḍeriyā̃ islām kabūl kītā. ónā̃ de wālid dā nā̃ šɛx usmān sī. šā́ husɛn ne apṇī jawānī baṛī saxat ibādat te parhezgārī wic guzārī. din nū̃ roze rakhde te sārī sārī rāt daryā de kā́ḍe te* kur'ān majīd dī

この祭りはハズラット・シャー・フサインを記念して催される。シャー・フサインはナスィールッディーン・フマーユーン帝の時代1538年に生まれ，ジャラールッディーン・アクバル帝の治世に成長した。彼の祖先がイスラーム教に帰依した。彼の父の名前はシェイフ・ウスマーンだった。シャー・フサインは青春時代を厳しい礼拝と禁欲生活のうちに過ごした。昼は断食をし，夜中じゅう河岸でコーランを

یاد〈女〉思い出。دی یاد وچ～を記念して　**نصیرالدین ہمایوں**ナスィールッディーン・フマーユーン（人名）。ムガル朝第2代皇帝　**بادشاہ**〈男〉王　**دے سمے**〈後〉～の時に　**جمے**【جمنا〔自〕生まれる】の過去分詞・男・複　**جلال‌الدین اکبر**ジャラールッディーン・アクバル（人名）。ムガル朝第3代皇帝　**عہد**〈男〉治世　**پروان چڑھے**［پروان چڑھنا］成長する。چڑھےはچڑھناの過去分詞・男・複　**وڈ وڈیریاں**【وڈ وڈیرا〈男〉先祖】の斜格・複。この後の後置詞نےが省略されている　**اسلام**〈男〉イスラーム教　**قبول کیتا**［قبول کرنا］受け入れる。کیتاはکرناの過去分詞・男・単　**اوہناں**人称代名詞اوہ（複数）の斜格　**والد**〈男〉父　**ناں**〈男〉名前　**شیخ عثمان**シェイフ・ウスマーン（人名）　**سی**コピュラ動詞ہوناの過去・3・単　**جوانی**〈女〉青春時代　**سخت**〈形〉厳しい　**عبادت**〈女〉礼拝　**پرہیزگاری**〈女〉禁欲生活　**گزاری**【گزارنا〔他〕過ごす】の過去分詞・女・単　**دن نوں**昼間に　**روزے رکھدے**【روزہ〈男〉断食】の主格・複。［روزہ رکھنا］断食をする。رکھدےはرکھناの現在分詞・男・複。ここでは継続・習慣の過去でコピュラ動詞ہوناの過去が省略されている　**ساری**【سارا〈形〉全ての，～じゅう】ساری ساری راتで「夜中じゅう」の意　**دریا**〈男〉河　**دے کنڈھے**～の岸で　**قرآن مجید**聖コーラン

تلاوت کردے یا نفل پڑھدے۔ اِک دن اوہناں تفسیر
وِچ پڑھیا کہ دُنیا دی حیاتی اِک کھیڈ اے۔ ایہہ
پڑھدیاں اوہناں تے عجیب مستی طاری ہو گئی۔
نچدے کُددے مسیت توں باہر نکلے تے فیر ساری
عُمر ایس مستی وِچ ای لنگھا دِتّی۔

شاہ حسین پنجابی زبان دے سرکڈھویں شاعر
سن۔ اوہناں پنجابی شاعری وِچ نویں نویں تجربے
کِیتے تے زبان نُوں اِک نواں رُوپ دتّا۔

tilāwat karde yā nafal pár̤de. ik din ónā̃ tafsīr wic pár̤ĕā kĕ duniyā dī hayātī ik khed̤ e. é pár̤diyā̃ ónā̃ te* ajīb mastī tārī ho gaī. nacde kudde masīt tõ bā́r nikle te fer sārī umar es mastī wic ī langā̂ dittī. šā́ husɛn panjābī zabān de sirkád̤wẽ šāir san. ónā̃ panjābī šāirī wic nawẽ nawẽ tajribe kīte te zabān nū̃ ik nawā̃ rūp dittā.

朗誦したり，義務以上の礼拝をした。ある日，コーランの注釈書でこの世の人生は一つの遊戯であるというくだりを読むうちに彼を不思議な陶酔感がおおった。彼は踊り跳ねながらモスクを出て，それからは生涯をこの陶酔感の中で過ごした。

シャー・フサインはパンジャービー語の傑出した詩人であった。彼はパンジャービー詩で新しい実験をして，言語（パンジャービー語）に新しい形を与えた。

تلاوت کردے [تلاوت کرنا]（コーランを）読誦する。کردےはکرناの現在分詞・男・複。ここでは継続・習慣の過去でコピュラ動詞ہوناの過去が省略されている **نفل پڑھدے** [نفل پڑھنا] ナファルの礼拝をする。نفل（イスラーム教徒に課せられている1日5度の義務としての礼拝以外の）礼拝。پڑھدےはپڑھناの現在分詞・男・複。上と同様にコピュラ動詞ہوناの過去が省略されている **اک دن** ある日 **اوہناں** ここでは後置詞نے（基・パ p83）が省略されている **تفسیر**〈女〉コーランの注釈書 **پڑھیا**【پڑھنا〔他〕読む】の過去分詞・男・単 **کہ**〈接〉～ということ **دنیا**〈女〉この世，世界 **کھیڈ**〈女〉遊び，遊戯 **پڑھدیاں** پڑھناの現在分詞・女・複。「～しているうちに」という付帯状況を表す **عجیب**〈形〉不思議な **مستی**〈女〉陶酔感 **طاری ہو گئی** [طاری ہونا] 広がる。ہو گئیはہوناの語幹＋جاناで複合動詞。گئیはجاناの過去分詞・女・単 **نچدے**【نچنا〔自〕踊る】の現在分詞・男・複。「踊りながら」という付帯状況を表す **کددے**【کدنا〔自〕跳ねる】の現在分詞・男・複。「跳ねながら」という付帯状況を表す **مسیت**〈女〉モスク **نکلے**【نکلنا〔自〕出る】の過去分詞・男・複 **فیر**〈副〉それから **ای**〈前接〉強調。「～こそ」の意 **لنگھا دتی**【لنگھاؤنا〔他〕過ごす】の語幹＋دیناで複合動詞。دتیはدیناの過去分詞・女・単 **زبان**〈女〉～語，言語 **سرکڈھویں**【سرکڈھواں〈形〉傑出した】 **سن** コピュラ動詞ہوناの過去・3・複 **اوہناں** ここでもنےが省略されている **شاعری**〈女〉詩作 **نویں**【نواں〈形〉新しい】 **تجربے**【تجربہ〈男〉実験】の主格・複 **کیتے** کرناの過去分詞・男・複 **دتا** دیناの過去分詞・男・単

ایہہ میلے ایس لئی بڑے ضروری نیں کہ ایہناں راہیں میل جول تے ملاقات دے موقعے مِلدے نیں۔ مختلف علاقیاں دے لوک میلیاں وِچ شریک ہوندے نیں۔ اِنج آپو وِچ پیار تے محبّت ودھدی اے تے خرید و فروخت دے نال میلے دے بہانے لوکاں نُوں تفریح وی لَبھ جاندی اے۔

é mele es laī baṛe zarūrī ne kĕ énā̃ rā́ī̃ mel jol te mulākāt de mɔke milde ne. muxtalif ilākiyā̃ de lok meliyā̃ wic šarīk hõde ne. inj āpo wic piyār te muhabbat wáddī e te xarīd o faroxt de nāl mele de bahāne lokā̃ nū̃ tafrī́ vī láb jā̃dī e.

この祭りは交際や出会いの機会が得られるという点でも重要なものである。様々な地域の人々が祭りに参加することで，お互いに対する親しみが増し，売り買いによって，祭りという名のもとに人々は娯楽も見出すのである。

ایس لئی「このために」の理由は **کہ** 以下の節で説明されている **ضروری**〈形〉必要な **راہیں**〈後〉～を手段として **میل جول**〈男〉交際 **موقعے**【موقعہ〈男〉機会】の主格・複 **ملدے نیں**【ملنا〔自〕手に入る，会う】の現在形・3・男・複 **مختلف**〈形〉様々な **علاقیاں**【علاقہ〈男〉地域】の斜格・複 **شریک ہوندے**［شریک ہونا］参加する。ہوندے نیں は ہونا の現在形・3・男・複 **آپو وچ** お互いに **محبت**〈女〉愛情 **ودھدی اے**【ودھنا〔自〕増える】の現在形・3・女・単 **خرید و فروخت**〈女〉売り買い **دے نال**〈後〉～とともに **بہانے**【بہانہ〈男〉名目】。دے بہانے「～という名目で」 **تفریح**〈女〉娯楽 **لبھ جاندی اے**【لبھنا〔自〕見出す】の語幹＋جانا で複合動詞。جاندی اے は現在形・3・女・単

حضرت داتا گنج بخشؒ

زاہِد دے ابّا جی لہور دِیاں تیاریاں کر رہے سَن۔ زاہِد نے اوہناں نُوں سوہنے کپڑے پاندیاں تے عِطر لاندیاں ویکھ کے تاڑ لیا جے اوہ کِدھرے وانڈھے جا رہے نیں۔ اوس اپنی ماں نُوں پُچھیا کہ ابّا جی کِتھے چلّے نیں؟ ماں نے ایدھر اودھر دِیاں گلّاں کر کے ٹالن دی بڑی کوشش کِیتی، پر اوہ پِچّھے ای پَے گیا تے اوہدی ماں نُوں دَسنا ای

hazrat dātā ganj baxš

zāhid de abbā jī lɔ̀r diyā̃ tiāriyā̃ kar ráe san. zāhid ne ónā̃ nū̃ sóɳe kapṛe pā̃diyā̃ te itr lā̃diyā̃ wekh ke tāṛ lĕā je ó kídre wā̃́ḍe jā ráe ne. os apɳī mā̃ nū̃ pucchĕā kĕ abbā jī kitthe calle ne? mā̃ ne édar ódar diyā̃ gallā̃ kar ke ṭālan dī baṛī košiš kītī, par ó picche ī pɛ gĕā te ódī mā̃ nū̃ dasɳā ī

ハズラット・ダーター・ガンジ・バフシュ

ザーヒドのお父さんはラーホールへの準備をしていた。ザーヒドは父がきれいな服を着て，香水をつけているのを見て，お父さんがどこかに外出しようとしているのだと見抜いた。ザーヒドは自分の母に「お父さんはどこに行くところなの？」と尋ねた。母はああだこうだと言ってとぼけようとずいぶん努力したが，彼がくいさがったので，

زاہدザーヒド（人名）　**ابا**〈男〉お父さん　**جی**〈前接〉～さん，～氏　**تیاریاں**【تیاری〈女〉準備】の主格・複　**کر رہے سن**動詞 کرنا の過去進行形・3・男・複　**سوہنے**【سوہنا〈形〉きれいな】　**کپڑے**〈男〉服（複数扱い）　**پاندیاں**【پاؤنا〔他〕着る】の現在分詞・女・複。「着ている」という付帯状況を表す　**عطر**〈男〉香水　**لاندیاں**【لاؤنا〔他〕つける】の現在分詞・女・複。「つけている」という付帯状況を表す　**ویکھ کے**【ویکھنا〔他〕見る】の語幹＋接続分詞 کے（～して）　**تاڑ لیا**【تاڑنا〔他〕見抜く】の語幹＋ لینا で複合動詞　**جے**〈接〉～ということ　**کدھرے**〈副〉どこかに　**وانڈھے**【وانڈھا〈男〉家の外】の斜格・単で「家の外に」の意　**جا رہے نیں**動詞 جانا の現在進行形・3・男・複　**اوس** اوہ の斜格。ここでは後置詞 نے が省略されている　**پچھیا**【پچھنا〔他〕尋ねる】の過去分詞・男・単　**کہ**〈接〉～ということ　**کتھے**〈副〉どこに　**چلے نیں**現在進行形 چل رہے نیں「行くところである」の口語表現　**ایدھر اودھر**あちらこちら　**گلاں**【گل〈女〉話】[گل کرنا] 話をする。**کر کے**動詞 کرنا の語幹＋接続分詞 کے（～して）　**ٹالن**【ٹالنا〔他〕回避する】の不定詞・斜格　**کوشش کیتی**[کوشش کرنا] 努力する。کیتی動詞 کرنا の過去分詞・女・単　**[پچھے پینا]** くいさがる。پینا は پے گیا の語幹＋ جانا で複合動詞　**دسنا**〔他〕言う　**اوہدی ماں نوں دسنا ای پیا**「～せねばならない」の意味で不定詞＋ پینا を使う場合には意味上の主語が後置詞 نوں をとる。基・パ p140

پیا جے: "تیرے ابّا جی لہور داتا صاحب دے عُرس
تے جا رہے نیں۔" زاہِد نے رَٹّا پا دِتّا کہ مَینوں
وی نال کھڑو۔ اوہدی ضِد پاروں زاہِد دی ماں
اوہنوں وی تیار کر دِتّا تے اوہدے ابّا جان اَگّے نال
لَے جاݨ دی سفارش کِیتی۔ گھروں ٹُر کے دونویں
پیو پُتّر ٹیشن تے آئے تے گڈّی وِچ بہہ گئے۔ گڈی
چل پئی تے زاہد نے گلّ چھیڑی: "ابّا جی! داتا
صاحب کوݨ سَن تے کِتّھوں آئے سَن؟ مَنیوں اوہناں
دے بارے کُجھ گلّاں سُناؤ۔" زاہِد دے ابّا جی نے

pĕā je: "tere abbā jī lɔ̀r dātā sā́b de urs te* jā ráe ne." zāhid ne raṭṭā pā dittā kĕ mɛnū̃ vī nāl khaṛo. ódī zid pārõ zāhid dī mā̃ ónū̃ vī tiār kar dittā te óde abbā jān agge nāl lɛ jāɳ dī sifāriš kītī. kàrõ ṭur ke dõvẽ pio puttar ṭešan te* āe te gaḍḍī wic bɛ́ gae. gaḍḍī cal paī te zāhid ne gall cheṛī: "abbā jī! dātā sā́b kɔɳ san te kitthõ āe san? mɛnū̃ ónā̃ de bāre kúj gallā̃ suɳāo." zāhid de abbā jī ne

「お前のお父さんはラーホールのダーター・サーハブのウルスに行くところなんだよ」と言わざるを得なくなった。ザーヒドは「僕も一緒に連れて行って」と言い張った。彼が強情なので，ザーヒドの母はしたくをしてやり，お父さんの前で，一緒に連れて行ってあげるように頼んだ。家を出て，父と息子の二人は，駅にきて，列車に座った。列車が走り出すと，ザーヒドは話しかけた。「お父さん，ダーター・サーハブとは誰のことで，どこから来た人なの？ 僕にそのひとについて少し話して」ザーヒドのお父さんはこう言った。

تیرے【توں〈代〉お前】の所有格。基・パ p54 **داتا صاحب** ダーター・ガンジ・バフシュの墓廟を敬意を込めてこう呼ぶ **رٹا پا دتا**［رٹا پاؤنا］言い張る。پا دتا は پاؤنا の語幹＋دینا で複合動詞 **مینوں**【میں〈代〉私】＋後置詞 نوں の融合形。基・パ p67 **نال**〈副〉一緒に **کھڑو**【کھڑنا〔他〕連れて行く】の命令形。基・パ p65 **اوہدی**【اوہ〈代〉彼，彼女，それ】の所有格。基・パ p54 **ضد**〈女〉強情さ **پاروں**〈後〉～のために（理由） **اوہنوں**【اوہ〈代〉彼，彼女】と後置詞 نوں の融合形。基・パ p67 **تیار کر دتا**［تیار کرنا］準備する。کرنا の語幹＋دینا で複合動詞 **اوہدے اگے** 基・パ p54 **اگے**〈後〉～の前で **لے جان**【لے جانا〔自〕連れて行く】の不定詞・斜格 **دی سفارش کیتی**［دی سفارش کرنا x］x を薦める **گھر گھروں** توں＋گھر。基・パ p73 **ٹر کے**【ٹرنا〔自〕出発する】の語幹＋接続分詞 کے（～して） **دونویں**【دونواں〈形〉両方の】 **پیو**〈男〉父 **پتر**〈男〉息子 **ٹیشن**〈男〉駅 **آئے**【آؤنا〔自〕来る】の過去分詞・男・複 **گڈی**〈女〉列車 **بہہ گئے**【بہنا〔自〕座る】の語幹＋جانا で複合動詞 **چل پئی**【چلنا〔自〕動く】の語幹＋پینا で複合動詞 **گل چھیڑی**［گل چھیڑنا］話を切り出す。چھیڑی は過去分詞・女・単 **کون**〈代〉誰 **کتھوں**〈副〉どこから **آئے سن** آؤنا の過去完了形・3・男・複 **دے بارے**〈後〉～について，～に関して **سناؤ**【سناؤنا〔他〕聞かせる】の命令形

آکھیا: "ہاں ہاں پتّر! میں تَینوں ضرور داتا صاحب
بارے دَسناں۔ سانوں اپنے بزرگاں دِیاں گلّاں تے
اوہناں دے نیک کمّاں دا ضرور پتا ہونا چاہیدا
اے۔ تاںجے اسیں اوہناں دے چانن وِچ اپنا آپ
سنوار سکیے۔"

زاہِد دے ابّا جی نے دَسیا کہ داتا ہوراں دا
پُورا ناں شیخ سیّد ابوالحسن علی ہُجویریؒ اے۔
آپ ۴۰۰ھ وِچ شہر غزنی دے اِک محلّے ہجویر وِچ
پیدا ہوئے۔ آپ دے والد دا ناں سیّد عثمانؒ
جلابی اے۔ جلاب وی غزنی شہر دا ای اِک محلّہ

ākhĕā: "hā̃ hā̃ puttar! mɛ̃ tɛnū̃ zarūr dātā sā́b bāre dasnā̃. sānū̃ apn̥e buzurgā̃ diyā̃ gallā̃ te ónā̃ de nek kammā̃ dā zarūr patā hon̥ā cā́īdā e. tā̃je asī̃ ónā̃ de cānan̥ wic apn̥ā āp sā̃wār sakiye."

zāhid de abbā jī ne dassĕā kĕ dātā horā̃ dā pūrā nā̃ šɛx sɛyad abul-hasan alī hujverī e. āp san cār sɔ hijrī wic šɛ́r ğaznī de ik muhalle hujver wic pɛdā hoe. āp de wālid dā nā̃ sɛyad usmān jullābī e. jullāb vī ğaznī šɛ́r dā ī ik muhallā

「そうだね，息子や。ダーター・サーハブについて話してやるとも。私たちは自分たちの聖者やその方々の善行を知っているべきだな。その光明によって自分自身を向上させることができるようにね」

ザーヒドのお父さんは言った。ダーター・サーハブのフルネームはシェイフ・サイヤド・アブル・ハサン・アリー・フジュヴェーリーといって，ヒジュラ暦400年にガズニーのフジュヴェールという居住区で生まれた。このかたの父の名はサイヤド・ウスマーン・ジュッラービーといって，ジュッラーブもガズニーの町のある居住区の名前で，

ہاں ہاں〈副〉よし，よし　**تینوں**【توں〈代〉おまえ】とنوںの融合形。基・パ p67　**ضرور**〈副〉もちろん，きっと，必ず　**دسناں**【دسنا〔他〕話す】の現在形・1・男・単。دسدا واںの口語形　**سانوں**【اسیں〈代〉我々】とنوںの融合形。基・パ p67　**کماں**【کم〈男〉仕事】　**پتا ہونا**知る　**چاہیدا اے**不定詞＋چاہیدا＋ہوناは「～でするべきだ」という表現。基・パ p139　**تاں جے**〈接〉（この接続詞以降の節の内容）のために。英語の so that に近い　**چانن**〈男〉明かり　**اپنا آپ**自分自身　**سنوارنا**〔他〕向上させる　**سکیے**可能表現に用いる動詞سکناの不確定未来形・1・複　**پورا**〈形〉全ての　**شیخ سید ابوالحسن علی ہجویری**シェイフ・サイヤド・アブル・ハサン・アリー・フジュヴェーリー（人名）　**آپ**〈代〉このかた（複数扱い）　**شہر غزنی**ガズニー（アフガニスタンにある町）の町　**محلے**【محلہ〈男〉居住区】　**ہجویر**フジュヴェール（地名）　**سید عثمان جلابی**サイヤド・ウスマーン・ジュッラービー（人名）　**جلاب**ジュッラーブ（地名）

اے۔ جِتھے سیّد عثمانؒ ہوری رہندے ہوندے سَن۔
آپ حضرت امام حسینؓ دی اولاد وِچوں نیں۔

سیّد عثمانؒ ہوراں اپنے پتّر نُوں بڑے بڑے وڈے
عالماں کولوں تعلیم دِلائی۔ سیّد علی ہجویریؒ
ہوراں نے جوان ہو کے اپنی حیاتی دا بوہتا حِصّہ
عِلم تے عِرفان حاصل کرن وِچ گُزاریا۔ ایہدے لئی
اوہناں شام، عراق، فارس، خُراسان، تُرکستان تے ہور
مُلکاں دے بڑے لمّے تے اَوکھے پَینڈے کِیتے۔ کئی
صُوفیاں تے بزرگاں نُوں مِلے تے اوہناں کولوں عِلم
دی دَولت اکٹھی کِیتی۔

e. jitthe sɛyad usmān horī rḗde hõde san. āp hazrat imām husɛn dī ɔlād wiccõ ne.

sɛyad usmān horā̃ apn̥e puttar nū̃ baṛe baṛe waḍḍe ālimā̃ kolõ tālīm dilāī. sɛyad alī hujverī horā̃ ne jawān ho ke apn̥ī hayātī dā bɔ́tā hissā ilm te irfān hāsal karan wic guzārĕā. éde laī ónā̃ šām, irāk, fārs, xurāsān, turkistān te hor mulkā̃ de baṛe lamme te ɔkhe pɛ̃ḍe kīte. kaī sūfiyā̃ te buzurgā̃ nū̃ mile te ónā̃ kolõ ilm dī dɔlat ikaṭṭhī kītī.

そこにサイヤド・ウスマーン氏が住んでいた。このかたはイマーム・フサインの子孫の一人なんだ。

サイヤド・ウスマーン氏は偉大な学者のもとで息子に教育を受けさせた。サイヤド・アリー・フジュヴェーリーは若者になると，人生の大部分を学問や神秘主義的知識を獲得するために過ごした。このために，彼はシリア，イラク，ホラーサーン，トゥルキスターンやその他の国々を（巡る）長くて困難な旅行をし，多くの聖者に会い，彼らから知の宝を集めた。

رہندے ہوندے سن【رہنا〔自〕住む】の現在分詞＋ہونا の現在分詞＋コピュラ動詞 ہونا の過去は継続・習慣の過去を表す。ここでは「住んでいました」の意　**امام حسین** イスラーム・シーア派第3代イマーム（最高指導者）フサイン　**اولاد**〈女〉子孫　**وچوں**〈後〉وچ と توں の融合形。～の中から　**بڑے بڑے**【بڑا〈副〉非常に】同じ副詞を続けて使い強調する用法　**عالماں**【عالم〈男〉学者】　**دلائی**【دلاؤنا〔他〕与えさせる】［x کولوں تعلیم دلاؤنا］は x を介して教育を受けさせる。使役表現。基・パ p115。دلائی は過去分詞・女・単　**جوان ہو کے**［جوان ہونا］若者になる　**بوہتا**〈形〉多くの　**حصہ**〈男〉部分　**عرفان**〈男〉イスラーム神秘主義に関する知見　**حاصل کرن**［حاصل کرنا］獲得する。کرن は不定詞・斜格　**گزاریا**【گزارنا〔他〕過ごす】の過去分詞・男・単　**ایہدے لئی** これのために　**اوہناں**【اوہ〈代〉彼，彼女】の斜格・複。ここでは نے が省略されている　**شام** シリア　**عراق** イラク　**فارس**（イランの）ファールス地方　**خراسان**（イランの）ホラーサーン地方　**ترکستان** トゥルキスターン地方（現在の中央アジア）　**ہور**〈形〉他の　**ملکاں**【ملک〈男〉国】　**لمے**【لما〈形〉長い】　**اوکھے**【اوکھا〈形〉困難な】　**پینڈے**【پینڈا〈男〉旅】［پینڈا کرنا］旅をする　**کئی**〈形〉かなり多くの　**صوفیاں**【صوفی〈男〉イスラーム神秘主義の修行者】　**ملے**【ملنا〔他〕会う】の過去分詞・男・複。「x と会う」という場合に x が نوں をとることに注意　**دولت**〈女〉宝　**اکٹھی کیتی**［اکٹھا کرنا］集める

اِک دن آپ دے مُرشد ہوراں آپ نُوں لہور جانڑ
دا حکم دِتّا تے آکھیا کہ تُسیں لہور شہر وِچ
جا کے ڈیرا لاؤ تے لوکاں نُوں حق سچ دی راہ
دکھاؤ۔ ایہناں توں پہلاں لہور وِچ ایہناں دے پیر
بھائی حضرت حسین زنجانیؒ ایہہ خدمت کر رہے
سَن۔ ایس لئی آپ نے مُرشد نوں آکھیا جے اوتھے
تے اَگے ای بھرا حسین زنجانیؒ ہوری کم کر رہے
نیں، پر آپ دے مُرشد ہوراں آکھیا: "نہیں تُسیں
ضرور اوتھے جاؤ۔" آپ مُرشد دے حکم مُوجب ٹُر
پئے۔ جس رات آپ لہور وِچ داخل ہوئے، اوہدی

ik din āp de muršad horā̃ āp nū̃ lɔr jāɳ dā hukam dittā te ākhĕā kĕ tusī̃ lɔr šɛ́r wic jā ke ḍerā lāo te lokā̃ nū̃ hakk sacc dī rā́ dikhāo. énā̃ tõ pɛ́lā̃ lɔr wic énā̃ de pīr pȁī hazrat husɛn zanjānī é xidmat kar ráe san. es laī āp ne muršad nū̃ ākhĕā je othe te▲agge ī parȁ husɛn zanjānī horī kamm kar ráe ne, par āp de muršad horā̃ ākhĕā: "náī̃ tusī̃ zarūr othe jāo." āp muršad de hukam mūjab ṭur pae. jis rāt āp lɔr wic dāxal hoe, ódī

ある日師は彼にラーホールに行くように命じて言った。「お前はラーホールの町に行って居を構え，人々に真実の道を示すのだ」彼より前にラーホールでは兄弟弟子のフサイン・ザンジャーニーが活動していた。そこで彼は師に「あそこではすでにフサイン・ザンジャーニー兄弟が活動しております」と言ったが，師はこう言った。「いや，どうしてもあそこへ行くのだ」師の命に従って彼は出立した。彼がラーホールに入ったのは夜だったが

مرشد〈男〉(宗教的) 師匠 **جانڑ**【جانا〔自〕行く】の不定詞・斜格 **حکم دتا** [حکم دینا] 命令する **جا کے** 動詞 جانا の語幹＋接続分詞 کے (～して) **ڈیرا لاؤ** [ڈیرا لاؤنا] 居をかまえる。لاؤ は命令形 **حق**〈男〉真実 **سچ**〈男〉真実 **راہ**〈女〉道 **دکھاؤ**【دکھاؤنا〔他〕見せる，示す】の命令形 **ایہناں**【ایہہ〈代〉このひと】の斜格・複 **توں پہلاں**〈後〉～より以前に **پیر بھائی**〈男〉兄弟弟子 **حسین زنجانی** フサイン・ザンジャーニー (人名) **خدمت کر رہے سن** [خدمت کرنا] 奉仕する。کر رہے سن は کرنا の過去進行形・3・男・複 **ایس لئی** このため **اگے ای** 既に **بھرا**〈男〉兄弟 **کم کر رہے نیں** [کم کرنا] 仕事をする。کر رہے نیں は کرنا の現在進行形・3・男・複 **جاؤ** جانا の命令形 **موجب**〈後〉～に従って **ٹر پئے**【ٹر پینا〔自〕出発する】の過去分詞・男・複 **جس**〈代〉関係詞 جو の斜格。基・パ p149 **داخل ہوئے** [داخل ہونا] 入る

سویر نُوں لوکیں حسین زنجانیؒ ہوراں دا جنازہ
لَے کے باہر نِکل رہے سَن۔ آپ نے اپنے پِیر بھائی
دا جنازہ پڑھیا تے اوہناں والا کمّ سنبھال لیا۔
نیکی تے سچائی دے چانن دی خاطر آپ نے ملک
دے دُوجے شہراں دے سفر وی کِیتے، پر اپنی تبلیغ
دا مرکز شہر لہور نُوں ای بنایا۔ اوہناں ایتھے
دے لوکاں دے دِل روشن کِیتے۔ آپ دی صحبت وِچ
آ کے کئی لوک مُسلمان ہوئے۔ آپ نے جہالت دا
ہنیرا دُور کِیتا تے صدق صفا نُوں عام کر دِتّا۔
عِلم تے فضل دے خزانیاں دا مُونہہ کھول دِتّا تے

saver nũ lokĩ husɛn zanjānī horā̃ dā janāzā lɛ ke bā̀r nikal ráe san. āp ne apɳe pīr pā̀ī dā janāzā páṛĕā te ónā̃ wālā kamm sambā̀l lĕā. nekī te saccāī de cānaɳ dī xātar āp ne mulk de dūje šɛ́rā̃ de safar vī kīte, par apɳī tablīǧ dā markaz šɛ́r lɔ̀r nũ ī baɳāĕā. ónā̃ ethe de lokā̃ de dil rošan kīte. āp dī sóbat wic ā ke kaī lok musalmān hoe. āp ne jahālat dā hanerā dūr kītā te sidq safā nũ ām kar dittā. ilm te fazal de xazāniyā̃ dā mū̃́ khol dittā te

その（次の）日の朝に人々はフサイン・ザンジャーニーの棺を担いで家を出るところだった。彼は自分の兄弟弟子のジャナーザーの祈りをおこない，仕事を引き継いだ。善行と真実の光の光のために（光を広めるために），国内の他の町を旅することもあったが，伝道の中心はラーホールに置いていた。彼はこの地の人々の心に光明を与えた。彼と近しくなることで，多くの人々がイスラーム教徒になった。彼は無知の闇を無くし，誠実さと清らかさを広めた。知識と学識の宝庫である（おのれの）口を開いたので，

سویر〈女〉朝。نوںをともなって「朝に」の意　**لوکیں**〈男〉人々（複数扱い）　**جنازہ**〈男〉棺　**لے کے**【لینا〔他〕持つ】の語幹＋کے。持って　**نکل رہے سن**【نکلنا〔自〕出る】の過去進行形・男・3・複　**جنازہ پڑھیا** [جنازہ پڑھنا] 死者のための祈りをする。پڑھیاは過去分詞・男・単　**اوہناں والا**彼（フサイン・ザンジャーニー）の　**سنبھال لیا**【سنبھالنا〔他〕引き継ぐ】の語幹＋لیناで複合動詞　**سچائی**〈女〉真理　**دی خاطر**〈後〉～のために（目的）　**دوجے**【دوجا〈形〉他の】　[سفر کرنا] 旅行する。**کیتے**は過去分詞・男・単　**مرکز**〈男〉中心　**بنایا**【بناؤنا〔他〕～にする】の過去分詞・男・単　**ایتھے**〈副〉ここで　**روشن کیتے** [روشن کرنا] 明るくする　**صحبت**〈女〉交際。[x دی صحبت وچ آؤنا] xと交際する　**مسلمان**〈男〉イスラーム教徒　**جہالت**〈女〉無知　**ہنیرا**〈男〉暗闇　**دور کیتا** [دور کرنا] 遠ざける　**صدق**〈男〉誠実さ　**صفا**〈女〉清浄さ　**عام کر دتا** [عام کرنا] 広める。کرناの語幹＋دیناで複合動詞　**فضل**学識　**خزانیاں**【خزانہ〈男〉宝庫】の斜格・複　**مونہ**〈男〉口　**کھول دتا**【کھولنا〔他〕開く】の語幹＋دیناで複合動詞

اِنج لوکاں وِچ داتا گنج بخشؒ دے ناں نال مشہور ہوئے۔

اخیر ایسے شہر وِچ ای ہدایت دی راہ دکھاندے ہوئے ۴۶۵ ھ وِچ اپنے رَب نُوں پیارے ہو گئے۔ اَج ایہناں دا مزار "داتا دربار" دے ناں نال مشہور اے۔ جیہنوں پہلاں ظہیرالدین ابراہیم غزنوی نے بنوایا تے کُجھ حِصّہ اکبر بادشاہ نے وی تعمیر کرایا۔ ہُن کُجھ وَرھے پہلاں دربار لئی سونے دا دروازہ ایرانوں بن کے آیا اے۔ جیہڑا لوکاں دی دلچسپی دا مرکز اے۔

inj lokā̃ wic dātā ganj baxš de nā̃ nāl mašũr hoe.

axīr ese šɛ́r wic ī hidāyat dī rá dikhā̃de hoe san cār sɔ pɛ̃́ṭh hijrī wic apṇe rab nū̃ piyāre ho gae. aj énā̃ dā mazār "dātā darbār" de nā̃ nāl mašũr e. jénū̃ pɛ́lā̃ zahīruddīn ibrāhīm ğaznavī ne baṇwāĕā te kúj hissā akbar bādšā́ ne vī tāmīr karāĕā. huṇ kúj wáre pɛ́lā̃ darbār laī sone dā darwāzā īrānū̃ baṇ ke āĕā e. jéṛā lokā̃ dī dilcaspī dā markaz e.

人々の間ではダーター・ガンジ・バフシュという名前で有名になった。

結局この町で正道を示しながら，彼はヒジュラ暦465年に亡くなった。今日，このかたの廟は「ダーター・ダルバール」という名前で有名である。これを最初に建てさせたのはザヒールゥッディーン・イブラーヒーム・ガズナヴィーであり，アクバル帝もいくらかの部分を建てさせた。ほんの数年前にダルバール用の黄金の門がイランで作られてきた。それは人々の関心の的になっている。

انج〈副〉こうして **دے ناں نال** ～という名前で **ایسے** ایہہ〈代形〉の斜格である ایس の強調形 **ہدایت**〈女〉導き **دکھاندے ہوئے**【دکھاؤݨا〔他〕示す】の現在分詞＋ ہوݨا の過去分詞で「示しながら」という付帯状況を表す。基・パ p154 **رب**〈男〉神 **رب نوں پیارے ہوگئے** [رب نوں پیارا ہوݨا] 死ぬ。ہوگئے は ہوݨا の語幹＋ جاݨا で複合動詞。گئے は過去分詞・男・複 **داتا دربار** ダーター・ガンジ・バフシュの墓廟の呼称 **جیہنوں** جس نوں の口語形 **پہلاں**〈副〉最初に **ظہیرالدین ابراہیم غزنوی** ザヒールゥッディーン・イブラーヒーム・ガズナヴィー。ガズニー朝の王の名前 **بݨوایا**【بݨواؤݨا〔他〕作らせる】の過去分詞・男・単 **اکبر بادشاہ** アクバル王（人名）。ムガル朝第3代の王 **تعمیر کرایا** [تعمیر کراؤݨا] 建設させる。کرایا は過去分詞・男・単 **ہݨ**〈副〉今 **ورھے**【ورہا〈男〉年】 **پہلاں**〈後〉～前に **سونے**【سونا〈男〉金】 **دروازہ**〈男〉門 **ایرانوں**【ایران〈男〉イラン】＋ توں。基・パ p73 **بݨ کے**【بݨنا〔自〕作られる】＋接続分詞 کے（～して） **آیا اے** آؤݨا の現在完了形・3・男・単 **جیہڑا**〈名〉関係詞。基・パ p149 **دلچسپی**〈女〉関心，興味

بوہت سارے صُوفیاں تے وَلیاں نے آپ دے دَر
توں فیض حاصل کِیتا۔ حضرت خواجہ معین‌الدین
چشتیؒ اجمیری نے آپ دے مزار تے چلّہ وی کَٹیا
سی۔ داتا صاحب نے بوہت ساریاں کتاباں لِکھیاں،
پر کشفُ‌المحجوب نُوں سب توں وَدھ شُہرت
حاصل ہوئی۔ ایس کِتاب وِچ حِکمت، تصوّف تے
شریعت دِیاں گلّاں درج نیں۔
آپ فرماندے ہوندے سَن:
"صُوفی اوہ اے جیہڑا چنگی گلّ مُونہوں آکھ
کے اوہدے تے عمل وی کر کے وکھاوے۔ نفس نُوں

bɔ́t sāre sūfiyā̃ te waliyā̃ ne āp de dar tō̃ fɛz hāsal kītā. hazrat xājā muīnuddīn cištī ajmerī ne āp de mazār te* cillā vī kaṭĕā sī. dātā sā́b ne bɔ́t sāriyā̃ kitābā̃ likhiyā̃, par kašful-mahjūb nū̃ sab tō̃ wád šórat hāsal hoī. es kitāb wic hikmat, tasawwuf te šarīat diyā̃ gallā̃ darj ne.

āp farmā̃de hõde san:

"sūfī ó e jéṛā cangī gall mū̃õ ākh ke óde te* amal vī kar ke wikhāve. nafs nū̃

多くのスーフィーがこのかたの門から恩恵を受けた。ハズラット・ハージャ・ムイーヌッディーン・チシュティー・アジメーリーはこのかたの廟でチッラーの行もした。ダーター・サーハブは多くの本を執筆したが，『カシュフル・マフジューブ』が最も名声を博した。この本では，哲学，イスラーム神秘主義，イスラーム法のことが書かれている。

このかたはこうおっしゃっていた。

「スーフィーとは善いことを語り，それを実践してみせる者である。魂を

بوہت سارے【بوہت سارا〈形〉多くの】 **ولیاں**【ولی〈男〉聖者】 **در**〈男〉門 **فیض**〈男〉恩恵 **حاصل کیتا** [حاصل کرنا] 獲得する **خواجہ معین‌الدین چشتی اجمیری** ハージャ・ムイーヌッディーン・チシュティー・アジメーリー（人名）。イスラーム神秘主義教団チシュティー派の聖者の名前 **چلہ کٹیا** [چلہ کٹنا] 40日間籠りコーラン読誦を続ける修行をする **کٹیا سی** کٹناの過去完了形・3・男・単 **کتاباں**【کتاب〈女〉本】 **لکھیاں**【لکھنا〔他〕書く，執筆する】の過去分詞・女・複 **کشف‌المحجوب** ダーター・ガンジ・バフシュの著書の名前。「秘密の顕現」の意 **سب توں ودھ** 最も多い **شہرت**〈男〉名声 **حاصل ہوئی** [حاصل ہونا] 得る。この場合 x کو y حاصل ہونا となって「x は y を得る」という使われ方をすることに注意 **حکمت**〈女〉哲学 **تصوف**〈男〉イスラーム神秘主義 **شریعت**〈女〉イスラーム法 **درج نیں** [درج ہونا] 記される **فرماندے ہوندے سن**【فرماؤنا〔他〕おっしゃる】の継続・習慣の過去 **چنگی**【چنگا〈形〉良い】 **مونہوں** مونہہ + توں「口から」。基・パ p73 **آکھ کے**【آکھنا〔他〕言う】の語幹＋接続分詞 کے（～して） [x تے عمل کرنا] x にのっとり実践する **وکھاوے**【وکھاؤنا〔他〕見せる】の不確定未来形・3・単。基・パ p93 **نفس**〈男〉魂

بَھیڑی خواہش توں دُور رکھنا حقیقت دے دروازے
دی چابی اے۔ اپنے توں وَڈّیاں دِی صُحبت وِچ
بیٹھو گے تے اوہناں کولوں کُجھ سِکھو گے، اتے جے
اپنے توں چھوٹیاں دی صُحبت وِچ رہو گے تے اوہ
تہاتھوں کُجھ حاصل کرن گے۔

انسان نُوں چاہیدا اے کہ وَڈّیاں نُوں باپ برابر
سمجھے تے اوہناں دی عزّت کرے۔ ہاتیاں نُوں
بھراواں وانگوں جانے تے اوہناں نال نیکی کرے۔
چھوٹیاں نُوں پُتّراں دی تھاں تے رکھے تے اوہناں
نال پیار تے محبّت کرے۔"

pèṛī xā̃š tō dūr rakhɳā hakīkat de darwāze dī cābī e. apɳe tō waḍḍiyā̃ dī sóbat wic bɛṭho ge te▲ ónā̃ kolō kúj sikkho ge, ate je apɳe tō choṭiyā̃ dī sóbat wic rávo ge te▲ ó tuàthō kúj hāsal karan ge.

insān nū̃ cā́īdā e kĕ waḍḍiyā̃ nū̃ bāp barābar sámje te ónā̃ dī izzat kare. hāɳiyā̃ nū̃ parā̀wā̃ wāngū̃ jāɳe te ónā̃ nāl nekī kare. choṭiyā̃ nū̃ puttarā̃ dī thā̃ te* rakhe te ónā̃ nāl piyār te muhabbat kare."

悪しき欲望から遠ざけることは真理の門の鍵である。自分より年長の者との交わりでは彼らから何かを学び，年少の者との交わりでは彼らがお前から何かを学びとるであろう。
　人間は年長者を父と同様にみなし尊敬し，同年の者を兄弟のように思い善行をなし，年少者を息子として愛するべきである」

بھیڑی【بھیڑا〈形〉悪い】 **خواہش**〈女〉欲望 [**دور رکھنا**] 遠ざけておく **حقیقت**〈女〉真理 **چابی**〈女〉鍵 **وڈیاں**【وڈا〈形〉大きな】ここでは名詞「年長者」の斜格・複として用いられている **بیٹھو گے**【بیٹھنا〔自〕座る】の未来形・2・男・複。基・パ p89 **سکھو گے**【سکھنا〔他〕学ぶ】の未来形・2・男・複 **اتے**〈接〉そして **جے**〈接〉もし **چھوٹیاں**【چھوٹا〈形〉小さな】ここでは名詞「年少者」の斜格・複として用いられている **رہو گے**【رہنا〔自〕いる】の未来形・2・男・複。基・パ p89 **تہاتھوں**【تسیں〈代〉あなた】＋ توں の融合形。基・パ p73 **کرن گے** کرنا の未来形・3・男・複 **انسان**〈男〉人間 **چاہیدا اے**「～するべきだ」という表現。基・パ p139 **برابر**〈後〉～と同等に **سمجھے**【سمجھنا〔他〕思う】の不確定未来形・3・単 **دی عزت کرے** [x دی عزت کرنا] x を敬う。کرے は不確定未来形・3・単 **ہانیاں**【ہانی〈男〉同年の者】の斜格・複 **بھرانواں**【بھرا〈男〉兄弟】の斜格・複 **وانگوں**〈後〉～のように（同様） **جانے**【جاننا〔他〕思う】の不確定未来形・3・単 **نال**〈後〉～に対して **نیکی کرے** [نیکی کرنا] 善行をする **پتر پتراں** の斜格・複 **دی تھاں تے** ～の場所に **رکھے**【رکھنا〔他〕置く】の不確定未来形・3・単 **پیار**〈男〉愛 **محبت**〈女〉愛

اینے چر وِچ گڈّی لھور اَپّڑ گئی۔ دونویں پیو پتّر عُرس تے پہنچ گئے۔ زاہد نے بھیڑ ویکھ کے اپنے پیو دی انگلی گُھٹ کے پھڑ لئی جے کِتے نِکّھڑ نہ جاوے۔ اوہنے ایدوں پہلاں ایڈا وَڈا بندیاں دا کٹھ کدے نہیں سی ڈِٹھا۔ ہر پاسے رَونقاں ای رَونقاں سَن۔ کِدھرے دیگاں پک رہیاں سَن۔ کِدھرے لنگر تقسیم ہو رہیا سی۔ کِدھرے تبرّک لین والے اِک دُوجے تے ڈِگ رہے سَن۔ کِدھرے مٹھائیاں دِیاں دکاناں لگیاں ہویاں سَن۔ کِدھرے

ene cir wic gaḍḍī lɔ̀r appaṛ gaī. dõwẽ pio puttar urs te* pɔ̃́c gae. zāhid ne pı̀ṛ wekh ke apɳe pio dī unglī kùṭ ke phaṛ laī je kite nikkhaṛ na jāve. óne edõ pɛ́lā̃ eḍā waḍḍā bandiyā̃ dā kaṭṭh kade náī̃ sī ḍiṭṭhā. har pāse rɔnakā̃ ī rɔnakā̃ san. kídre degā̃ pak ráiyā̃ san. kídre langar taksīm ho rɛ́ā sī. kídre tabarruk lɛɳ wāle ik dūje te* ḍig ráe san. kídre miṭhāiyā̃ diyā̃ dukānā̃ lagiyā̃ hoiyā̃ san. kídre

こうするうちに列車はラーホールに到着した。親子二人はウルスに到着した。ザーヒドは群集を見て，離れてしまうことがないようにと，自分の父の指をしっかりと握った。彼はこれ以前にこれほどの人の集まりを見たことがなかった。あたり全体が殷賑を極めていた。鍋で料理が作られ，無料の食べ物が配られ，タバッルクを得ようとするものがひしめき合い，お菓子の店が出され，

اینے【اینا〈形〉これだけの（量・程度）】 **چر**〈男〉期間 **اپڑ گئی**【اپڑنا〔自〕到着する】の語幹＋ جانا で複合動詞 **پہنچ گئے**【پہنچنا〔自〕到着する】の語幹＋ جانا で複合動詞 **بھیڑ**〈女〉群集 **انگلی**〈女〉指 **گھٹ کے** しっかりと **پھڑ لئی**【پھڑنا〔他〕つかむ】の語幹＋ لینا で複合動詞 **کتے**〈副〉否定辞をともなって「～にならないように」 **نکھڑ نہ جاوے**【نکھڑنا〔自〕離れる】の語幹＋（否定辞）＋ جانا で複合動詞。جاوے は不確定未来形・3・単 **اوہنے** 基・パ p83 **ایدوں پہلاں** これ以前に **ایڈا**〈形〉これほどの **بندیاں**【بندہ〈男〉人】 **کٹھ**〈男〉集まり **کدے**〈副〉否定辞をともなって「かつて～したことがない」 **نہیں سی ڈٹھا** ڈٹھا は【ویکھنا〔他〕見る】の過去分詞・男・単。基・パ p107 **ہر پاسے** あたり全体 **رونقاں**【رونق〈女〉賑わい】の複＋強調の ای ＋同じ名詞で強調を表す **دیگاں**【دیگ〈女〉なべ】[دیگ پکنا] なべの中で料理ができる。پک رہیاں سن 過去進行形・3・女・複 **لنگر**〈男〉施しの食物 **تقسیم ہو رہیا سی** [تقسیم ہونا] 配られる。ہو رہیا سی は ہونا の過去進行形・3・男・単 **تبرک** 聖者廟で配られる食べ物（お菓子など） **لین والے** لینا の不定詞・斜格＋ والا。「取ろうとする人」 **اک دوجے تے** お互いの上に **ڈگ رہے سن**【ڈگنا〔自〕倒れる】の過去進行形・3・男・複 **مٹھائیاں**【مٹھائی〈女〉お菓子】 **دکاناں**【دکان〈女〉店】[دکان لگنا] 店が出される。لگیاں ہوئیاں 完了分詞＋ ہونا の完了分詞で「店が出された」という状態を表す。基・パ p153

پُھلاّں دے چھابے بھرے ہوئے سَن۔ مزار دے اندر عجب سَماں سی۔ کوئی دُعاواں مَنگ رہیا سی، کوئی وِرد وظِیفے وِچ رُجھا ہویا دِسدا سی تے کوئی داتا صاحبؒ دے روزے دی جالی نال لَگّا زار و زار رو رہیا سی۔ فضا حق اللہ، سُبحان اللہ تے اللہ اکبر دِیاں واجاں نال گُونج رہی سی۔ رات دا نظّارہ ہور وی ویکھݨ والا سی۔ ہر پاسے جِھلمل جِھلمل کردا چانݨ سی جیویں دن چڑھیا ہویا

phullā̃ de chābe pàre hoe san. mazār de andar ajab samā̃ sī. koī duāwā̃ mang rḗā sī, koī wird wazīfe wic rújjā hoĕā disdā sī te koī dātā sā́b de roze dī jālī nāl laggā zār o zār ro rḗā sī. fazā hakk allāh, subhān allāh, te allāhu akbar diyā̃ wājā̃ nāl gū̃j ráī sī. rāt dā nazzārā hor vī wekhaɳ wālā sī. har pāse cìlmil cìlmil kardā cānaɳ sī jivē̃ din cáṛĕā hoĕā

花の籠でいっぱいのところもあった。廟の内部は不思議な光景だった。祈る者もいれば，コーランの唱誦に夢中の者も見えるし，ダーター・サーハブの墓のところにある格子窓にすがって，号泣している人もいた。あたりにはハック・アッラー，スブハーン・アッラー，アッラーフ・アクバルの声が鳴り響いていた。夜の光景はそれ以上に見るに値するものだった。あたり全体は日が昇っているかのようにきらきらと輝いていた。

پھلاں【پھل〈男〉花】　**چھابے**【چھابا〈男〉小さな籠】　**بھرے ہوئے**【بھرنا〔自〕～でいっぱいになる】の過去分詞＋ہونا の過去分詞で「いっぱいになった」という状態を表す　**دے اندر**〈後〉～の中で　**عجب**〈形〉不思議な　**سماں**〈男〉光景　**کوئی**〈代〉誰か　**دعاواں**【دعا〈女〉祈り】［دعا منگنا］祈る。منگ رہیا سی は過去進行形　**ورد**〈男〉毎日コーランなどを繰り返し唱誦すること　**وظیفے**【وظیفہ〈男〉毎日コーランなどを繰り返し唱誦すること】　**رجھا ہویا**【رجھنا〔自〕夢中になる】の過去分詞＋ہونا の過去分詞で「夢中になった」という状態を表す　**دسدا سی**【دسنا〔自〕見られる】の継続・習慣の過去・3・男・単　**روزے**【روزہ〈男〉墓】　**جالی**〈女〉網の目模様ののぞき窓　**لگا**【لگنا〔自〕くっつく】の過去分詞。「くっついて」という状態を表す　**زار و زار رو رہیا سی**［زار و زار رونا］号泣する。رو رہیا سی は رونا の過去進行形・3・男・単　**فضا**〈女〉辺り　**حق اللہ** アッラーは正義なり　**سبحان اللہ** アッラーは清浄なり　**اللہ اکبر** アッラーは偉大なり　**واجاں**【واج〈女〉声】　**گونج رہی سی**【گونجنا〔自〕響く】の過去進行形・3・女・単　**رات**〈女〉夜　**نظارہ**〈男〉光景　**ہور وی** さらに　**ویکھن والا** ここでは「見るに値する」の意　**جھلمل کردا**［جھلمل کرنا］キラキラ輝く。کردا は現在分詞で「輝いている」という状態を表す形容詞　**جیویں**〈副〉まるで　**دن چڑھیا**［دن چڑھنا］日が昇る，昼間になる。چڑھیا は過去分詞で「日が昇った」という状態を表す

ہووے۔ قوالی دی محفل جمی ہوئی سی۔ قوّالاں
دی اِک جوڑی اُٹھدی تے دُوجی بہہ جاندی سی۔
سُنن والے سُبحان اللہ، ماشاء اللہ، واہ وا دے نال
نال نذرانے دے طَور تے روپے وی دے رہے سَن۔
دُوروں نیڑیوں داتا صاحبؒ دے لَکّھاں عقیدت مند
آ جا رہے سَن۔ داتا صاحبؒ دے دربار دی رونق
اوہناں دی عظمت تے وَڈیائی دا ثبوت پیش کر رہی
سِی۔

hove. kawwālī dī méfal jamī hoī sī. kawwālā̃ dī ik joṛī uṭhdī te▲dūjī bé jā̃dī sī. suṉan wāle sub'hān allāh, māšā allāh wā́ wā́ de nāl nāl nazrāne de tɔr te rūpe vī de ráe san. dūrõ neṛiyõ dātā sáb de lakkhā̃ akīdat-mand ā jā ráe san. dātā sáb de darbār dī rɔnak ónā̃ dī azmat te waḍiyāī dā sabūt peš kar ráī sī.

カッワーリーの宴が催されていた。カッワールのあるグループが立ち上がるともう一方の組が座る。聴いている人々はスブハーン・アッラー，マーシャー・アッラー，ワー・ワーなどと言ってお布施としてお金もあげていた。遠くからも近くからもダーター・サーハブの信奉者がやってきていた。ダーター・サーハブの廟の賑わいは彼の偉大さを証明していた。

ہووے ہوناの不確定未来・3・単　**قوالی**〈女〉イスラーム聖者廟などでカッワールが唱う歌　**محفل جمی ہوئی** [محفل جمنا] 宴が催される。جمی ہوئیは جمناの過去分詞＋ہوناの過去分詞で「催された」という状態を表す　**قوالاں**【قوال〈男〉カッワーリーを唱うグループの一員】　**جوڑی**〈女〉グループ　**اٹھدی**【اٹھنا〔自〕立ち上がる】の現在分詞。ここでは継続・習慣の過去でコピュラ動詞ہوناの過去が省略されている　**دوجی**【دوجا〈形〉別の】　**بہہ جاندی سی**【بہنا〔自〕座る】＋جاناで複合動詞。جاندی سیは継続・習慣の過去・3・女・単　**سنن والے**【سننا〔他〕聴く】の不定詞・斜格＋والاで「聴く人」の意　**ماشاء اللہ**素晴らしい　**واہ وا**感動を表現するときに発せられる言葉　**نال نال**　**دے**～とともに　**نذرانے**【نذرانہ〈男〉ご祝儀】　**دے طور تے**〈後〉～として　**روپے**【روپیہ〈男〉お金】　**دیندا دے رہے سن**の過去進行形・3・男・複　**دوروں** دور＋توں「遠くから」　**نیڑیوں** نیڑا＋توں「近くから」　**لکھاں**〈形〉何十万の　**عقیدت مند**〈男〉信奉者　**آ جا رہے سن**「行ったり来たりしていた」過去進行形・3・男・単　**عظمت**〈女〉偉大さ　**وڈیائی**〈女〉偉大さ　**ثبوت**〈男〉証明　**پیش کر رہی سی** [پیش کرنا] 提出する。کر رہی سیはکرناの過去進行形・3・女・単

سیّد وارث شاہ

سید وارث شاہ ہوراں دے والد بھکّر ضلع میانوالی دے رہن والے سَن۔ آپ دے والد اِسلام دی تبلیغ کردے ہوندے سن۔ کدی کسے شہر تے کدی کسے شہر۔ ایسے فرض لئی اوہ جنڈیالہ شیر خاں ضلع شیخوپورہ وِچ آئے تے ایتھے ای رہن لگ پئے۔ ایتھے ای اوہناں نوں اللہ میاں نے دو پُتّر دِتّے۔ وَڈّے دا ناں وارث شاہ تے چھوٹے دا ناں قاسم شاہ رکھیا۔ دوہاں بچّیاں نے ذرا ہوش سنبھالیا تے اوہناں نوں پِنڈ دی مسیت وِچ قرآن شریف دی

sɛyad wāris šā́

sɛyad wāris šā́ horā̃ de wālid pàkkar zilā miyānwālī de rɛ́ŋ wāle san. āp de wālid islām dī tablī̆ğ karde hõde san. kadī kise šɛ́r te kadī kise šɛ́r. ese farz laī ó janḍiyālā šer xā̃ zilā šɛxūpurā wic āe te ethe ī rɛ́ŋ lag pae. ethe ī ónā̃ nū̃ allāh miyā̃ ne do puttar ditte. waḍḍe dā nā̃ wāris šā́ te choṭe dā nā̃ kāsim šā́ rakhĕā. dohā̃ bacciyā̃ ne zarā hoš sambā̀rĕā te▲ónā̃ nū̃ piṇḍ dī masīt wic kur'ān šarīf dī

サイヤド・ワーリス・シャー

サイヤド・ワーリス・シャーの父はミヤーンワーリー県のバッカルの出身で，イスラームの伝道をしながら，あちらこちらに行った。この義務のために彼はシェイフープラー県のジャンディヤーラー・シェール・ハーンにやって来て，ここに住み始めた。この地でアッラーは彼に二人の子供を授けた。長男をワーリス・シャー，次男をカースィム・シャーと名づけた。物心がつく年になると二人は聖コーランの

سید وارث شاہ サイヤド・ワーリス・シャー（人名） **بھکر** バッカル（地名） **میانوالی** ミヤーンワーリー（地名） **رہن والا** 【رہنا〔自〕住む】の不定詞・斜格＋والا **کردے ہوندے سن** 現在分詞＋ہونا の現在分詞＋ہونا の過去形で過去の習慣・継続を表す **کدی** 〈副〉ある時は **کسے** کوئی の斜格 **ایسے** ایس の強調形 **جنڈیالہ شیر خاں** ジャンディヤーラー・シェール・ハーン（地名） **شیخوپورہ** シェイフープラー（地名） **رہن لگ پئے** رہن 不定詞・斜格＋لگ＋پینا で「～し始める」の意 **میاں** 〈男〉主（アッラー）への崇敬を示す言葉 **وڈا** 〈形〉大きな。ここでは名詞として「長男」の意 **چھوٹا** 〈形〉小さな。ここでは名詞として「次男」の意 **قاسم شاہ** カースィム・シャー（人名） [**ناں رکھنا**] 名づける **ذرا** 〈副〉少し [**ہوش سنبھالنا**] 物心がつく **مسیت** 〈女〉モスク **قرآن شریف** 聖コーラン

تعلیم لئی بھیج دِتّا گیا۔

ایس توں فارغ ہو کے سید وارث شاہ قصور وِچ حافظ سیّد غلام مرتضے دی خدمت وِچ حاضر ہوئے۔ قرآن شریف دی تفسیر، فقہ، حدیث تے دِین دُنیا دے باقی عِلم حاصل کیتے۔ جدوں ایہہ عِلم حاصل کر چکے تے اُستاد نے فرمایا کہ ہݨ باطنی عِلم دی خاطر کوئی مُرشد پھڑو۔ فیر آپ نے حضرت بابا فرید گنج شکرؒ نوں رُوحانی مُرشد من کے اوہناں دے دربار دے گدّی نشین دے ہتھ تے بیعت کیتی۔

tālīm laī pèj dittā gĕā.

es tõ fārağ ho ke sɛyad wāris šā́ kasūr wic hāfiz sɛyad ğulām murtazā dī xidmat wic hāzar hoe. kur'ān šarīf dī tafsīr, fika, hadīs te dīn duniyā de bākī ilm hāsal kīte. jadõ é ilm hāsal kar cuke te▲ ustād ne farmāĕā kĕ huɳ bātinī ilm dī xātar koī muršad phaṛo. fer āp ne hazrat bābā farīd ganj šakar nũ rūhānī muršad man ke ónā̃ de darbār de gaddī-našīn de hath te* bɛat kītī.

教育を受けるために村のモスクに送られた。

これを終えると，サイヤド・ワーリス・シャーはカスールにいるハーフィズ・サイヤド・グラーム・ムルタザーのもとに参上し，コーラン解釈，イスラーム法学，ハディース（ムハンマドの言行録）や宗教的，現世的な他の知識を得た。これらの知識を習得してしまうと，師はこう言った。「こんどは精神的知識のために誰か師を捕まえよ」。すると，このかたはハズラット・バーバー・ファリード・ガンジ・シャカルを精神的師匠と信じ，彼の廟にいる後継者の手で弟子入りの儀式を行った。

بهیج دتا گیا【بهیجنا〔他〕送る】の語幹＋دینا で複合動詞。過去分詞＋جانا で受動態　[**x تون فارغ ہونا**] x を終える　**قصور** カスール（地名）　**حافظ سید غلام مرتضے** ハーフィズ・サイヤド・グラーム・ムルタザー（人名）　[**x دی خدمت وچ حاضر ہونا**] x の許に参上する　**تفسیر**〈女〉コーランの解釈学　**فقہ**〈女〉イスラーム法学　**حدیث**〈女〉預言者ムハンマドの言行録　**دین**〈男〉宗教　**دنیا**〈女〉俗世　**باقی**〈形〉残りの　**کر چکے** کرنا の語幹＋چکنا で複合動詞　**استاد**〔男〕師匠　**فرمانا**〔他〕おっしゃる　**باطنی علم** 精神的なことに関する知識・学問　**دی خاطر**〈後〉～のために（目的）　**پهڑنا**〔他〕捕まえる　**منّنا**〔他〕信じる　**دربار**〈男〉イスラーム神秘主義聖者廟　**گدی نشین**〈男〉後継者　**دے ہتھ اتے** ～の手で　**بیعت کرنا**（弟子入りの）儀式をする

ایس توں بعد مُرشد دے حُکم مُوجب جگہ جگہ
اِسلام دی تبلیغ کردے رہے تے ایسے لئی اوہ ملکہ
ہانس پہنچے۔ پِنڈوں باہر ای اِک مسیت وِچ ڈیرا
لایا تے اوتھے درس وغیرہ دا سِلسلہ شروع کر
دِتّا۔ جیہڑی مسیت ورھیاں توں بے آباد سی، اوتھے
رونقاں لگ گئیاں۔ لوک دوروں نیڑیوں نماز تے
درس واسطے آؤن لگ پئے۔ ایتھے ای بیٹھ کے
وارث شاہ ہوراں اپنے دوستاں دی فرمائش تے ہیر
دی کہانی لِکھی۔

es tõ bād muršad de hukam mūjab jagā jagā islām dī tablīğ karde ráe te ese laī ó malikā hāns pɔ́ce. piṇḍõ bā́r ī ik masīt wic ḍerā lāēā te othe dars wağɛrā dā silsilā šurū kar dittā. jéṛī masīt wáriyā̃ tõ beābād sī, othe rɔnakā̃ lag gaiyā̃. lok dūrõ neṛiyõ namāz te dars wāste āõɳ lag pae. ethe ī bɛṭh ke wāris šā́ horā̃ apɳe dostā̃ dī farmāiš te* hīr dī kā̀ɳī likhī.

これより後，師の命令に従い，いろいろなところでイスラームの伝道を行った。まさにそのために彼はマリカー・ハーンスに来たのだった。村の外にあるモスクに居をかまえ，そこで教育などを始めた。何年もの間，人の住んでいなかった礼拝所は賑わい始めた。遠くや近くから人々が礼拝と教えを受けるためにやって来だした。ここにいながら，ワーリス・シャーは友人たちの要望でヒールの物語を書いたのだった。

جگہ جگہ いろいろな所で　**ایسے لئی** まさしくこのために　**ملکہ ہانس** マリカー・ハーンス（地名）　**پنڈوں** پنڈ + توں　[**ڈیرا لاؤنا**] 居をかまえる　**سلسلہ**〈男〉一連のこと　**وریہاں توں** 何年にもわたって　**بےآباد**〈形〉人の住まない　[**رونقاں لگنا**] 賑わう　**دوروں** دور + توں「遠くから」　**نیڑیوں** نیڑا + توں「近くから」　**واسطے**〈後〉～のために（目的）　**لگ پئے** آؤنا آؤن の不定詞 + لگ + پینا「～し始める」　**فرمائش**〈女〉要望。فرمائش تے「要望で」　**ہیر**〈女〉ヒールとラーンジャーの悲恋物語　**کہانی**〈女〉物語

بھانویں ایس توں پہلاں وی شاعراں نے ایس
کہانی نوں نظم کیتا ہویا سی، پر جیہڑے سچجے
تے سوہنے طریقے نال ایس قصّے نوں وارث شاہ
ہوراں شعراں دے روپ وِچ ڈھالیا اے، اوہدے نال
لوک باقی ہیراں نوں بُھل بُھلا گئے۔ صرف وارث
شاہ دی ہیر ای اوہناں دے دِلاں وِچ وس گئی۔
ایہو وجہ اے جے اَج وی وارث شاہ دی ہیر نوں
پنجابی دی عظیم کتاب منیا جاندا اے۔
سید وارث شاہ دا ناں بُلھاں تے آؤندیاں ای
ہیر دا ناں ذہن وِچ آ جاندا اے۔ ہیر دی کہانی

pȁvẽ es tõ pέlã vī šāirã ne es kȁɳī nũ nazam kītā hoĕā sī, par jéṛe sucajje te sóɳe tarīke nāl es kisse nũ wāris šắ horã šerã de rūp wic ṭȁlĕā e, óde nāl lok bākī hīrã nũ pùl pulȁ gae. sirf wāris šắ dī hīr ī ṍnã de dilã wic vas gaī. éo wajā e je aj vī wāris šắ dī hīr nũ panjābī dī azīm kitāb manĕā jãdā e.

sεyad wāris šắ dā nã búllã te* aõdiyã ī hīr dā nã zén wic ā jãdā e. hīr dī kȁɳī

これ以前にも詩人たちがこの物語を詩にしていたが，ワーリス・シャーがこの物語を，熟練し，美しいやり方で詩の形にしたので，人々は他の「ヒール・ラーンジャーの物語」を忘れてしまい，ワーリス・シャーの「ヒール」だけが彼らの心に住み着いてしまった。このために，今日でもワーリス・シャーの「ヒール」はパンジャービー語の偉大な書物だと認められている。

サイヤド・ワーリス・シャーの名が唇に浮かぶとすぐに，ヒールの名が脳裏に浮かぶ。ヒールの物語と

بھانویں〈接〉～ではあるが　[**نظم کرنا**] 詩にする　**کیتا ہویا**過去分詞＋ہونаの過去分詞で状態を表す形容詞句　**سچجا**〈形〉熟練した　**قصہ**〈男〉物語　**دے روپ وچ**～の形で　**ڈھالنا**〔他〕形作る　**باقی ہیراں نوں**残りのヒール・ラーンジャーの物語を　**بھل بھلا گئے** بھلنا，بھلاؤناともに「忘れる」。語幹＋جاناは複合動詞　**وسنا**〔自〕住みつく　**ایہو** ایہہの強調形　**عظیم**〈形〉偉大な　**منیا جاندا اے**【منناの〔他〕認める】の過去分詞＋جاناで受動態　**بلھ**〈男〉唇　**آوندیاں ای**現在分詞・女・複＋ایは「～するや否や」の意　**ذہن**〈男〉脳裏。ذہن وچ آؤنا「脳裏に浮かぶ」

تے وارث شاہ دا ناں اِنج اِک مِک ہو گئے نیں کہ دوہاں نوں اِک دُوجے توں وَکھ کِیتا ای نہیں جا سکدا۔ وارث شاہ دی شاعری نے جیہڑے سمے وِچ اَکھ کھولی، اوہ سماں ڈاڈھا بے امنی، بدلحاظی تے افراتفری دا سی۔ نادر شاہ تے احمد شاہ ابدالی دے حملیاں نے زندگی تے زندگی نال تعلّق رکھن والی ہر چیز نوں ہلا کے رکھ دِتّا سی۔ اخلاقی قدراں ڈانواں ڈول ہو گئیاں سن۔ شریکے برادری، رشتے ناتے، آپس دی سانجھ تے نِگّھی نِگّھی بھائی والی مُکدی جا رہی سی۔ اِک دُوجے دی عِزّت تے

te wāris šā́ dā nā̃ inj ik mik ho gae ne kĕ dohā̃ nū̃ ik dūje tõ wakh kītā ī náī̃ jā sakdā. wāris šā́ dī šāirī ne jéṛe same wic akh kholī, ó samā̃ ḍā́ḍā beamanī badlihāzī te afrātafrī dā sī. nādir šā́ te ahmad šā́ abdālī de hamliyā̃ ne zindagī te zindagī nāl taallak rakhaṇ wālī har cīz nū̃ hilā ke rakh dittā sī. axlākī kadarā̃ ḍā̃wā̃-ḍol ho gaiyā̃ san. šarīke barādarī, rište nāte, āpas dī sā̃j te níggī níggī pàī walī mukdī jā ráī sī. ik dūje dī izzat te

ワーリス・シャーの名はお互いを分けられないほど完全に一つになっている。ワーリス・シャーが詩作をはじめた頃は世が乱れ，粗暴さと混乱が広がっていた。ナーディル・シャーとアフマド・シャー・アブダーリーの攻撃は生活やそれに関連するすべてのものを揺り動かし，道徳的価値は不安定になっていた。血縁関係，親族関係，人間相互の関係や暖かい協力はなくなりつつあったし，お互いを敬う気持ちは消え失せていった。

انج〈副〉このように　[**اک مک ہونا**] 完全に一つになる　**اک دوجا**〈男〉お互い，相互　[**وکھ کرنا**] 分ける　**کیتا ای نہیں جا سکدا**～されることは到底できない　**سمے**〈男〉時，時代　[**اکھ کھولنا**] 目を開ける　**سماں**〈男〉時，時代　**ڈاڈھا**〈形〉非常な　**بےامنی**〈女〉混乱（平和ではない状態）　**بدلحاظی**〈女〉粗暴さ　**افراتفری**〈女〉無秩序　**نادر شاہ** ナーディル・シャー（人名）　**احمد شاہ ابدالی** アフマド・シャー・アブダーリー（人名）　**حملہ**〈男〉攻撃　**زندگی**〈女〉人生　[**x نال تعلق رکھنا**] x と関係を持つ　**ہلاؤنا**〔他〕揺るがす　**رکھ دتا سی**【رکھنا〔他〕置く，～にする】の語幹＋دینا で複合動詞。دتا سی は過去完了形・3・男・単　**اخلاقی**〈形〉道徳的な　**قدر**〈女〉価値　**ڈانواں ڈول**〈形〉不安定な　**شریکا**〈男〉血縁集団　**برادری**〈女〉血縁集団　**رشتہ**〈男〉親族関係　**ناتا**〈男〉親族関係　**آپس**〈男〉相互　**سانجھ**〈女〉協力，関係　**نگھا**〈形〉心温かい　**بھائی والی**〈女〉協力　**مکدی جا رہی سی**【مکنا〔自〕終わる】の現在分詞＋جانا で継続。جا رہی سی は過去進行形

اِحترام دِلاں وِچوں مٹّدے جا رہے سن۔ خود غرضی، حرص تے آپا دھاپی نے ہر پاسے ڈیرے لائے ہوئے سن۔ اوس ویلے دے ماحول دی تصویر وارث شاہ ہوراں سوہݨے انداز وِچ کِھچی اے، تے اوس معاشرے دے بُرے کِرداراں اُتّے بڑی طنز کِیتی اے۔

احمد کوی، دمودر، چراغ تے مقبل نے وارث شاہ توں پہلاں ہیراں لِکھیاں سن، پر وارث شاہ دا انداز سب نالوں وکھرا تے انوکھا ہوݨ دے نال نال ویلے دیاں حقیقتاں دے اظہار اُتّے وی قادر اے۔ معاشرے دا کوئی پہلو بھانویں اوہ چنگا اے یاں

étirām dillā̃ wiccõ miṭde jā ráe san. xud-ğarzī, hirs te āpātāpī ne har pāse ḍere lāe hoe san. os wele de māhɔl dī tasvīr wāris šá horā̃ sóɳe andāz wic khiccī e, te os muāšre de bure kirdārā̃ utte baṛī tanz kītī e.

ahmad kavī, damodar, cirāğ te mukbil ne wāris šá tõ pɛ́lā̃ hīrā̃ likhiyā̃ san, par wāris šá dā andāz sab nālõ wakhrā te anokhā hoɳ de nāl nāl wele diyā̃ hakīkatā̃ de izhār utte vī kādar e. muāšre dā koī pɛ́lū pȁwẽ ó cangā e yā̃

利己主義と貪欲さと自己本位が至る所にはびこっていた。その時代の雰囲気をワーリス・シャーは見事に描いており，社会の悪い人物を辛らつに風刺している。

アフマド・カヴィー，ダモーダル，チラーグ，ムクビルはワーリス・シャー以前にヒールの物語を書いたが，ワーリス・シャーの方法は他とは別個で斬新であるし，当時の諸事実の表現の点でも力強い。良いか悪いかにかかわらず，

مٹدے جا رہے سن【مٹنا〔自〕消える】の現在分詞＋جاناで継続。جا رہے سنは過去進行形　**خود غرضی**〈女〉利己主義　**حرص**〈女〉貪欲さ　**آپا دھاپی**〈女〉利己主義　**ہر پاسے**あらゆる方角に　**ڈیرے لائے ہوئے**はびこっている（状態を表す形容詞句）　**ماحول**〈男〉雰囲気　**تصویر**〈女〉絵画　**سوہنے انداز وچ**美しい手法で　**کھچنا**〔他〕（絵を）描く　**معاشرہ**〈男〉社会　**برا**〈形〉悪い　**کردار**〈男〉登場人物　[**طنز کرنا**] 風刺する　**احمد کوی**アフマド・カヴィー（人名）　**دمودر**ダモーダル（人名）　**چراغ**チラーグ（人名）　**مقبل**ムクビル（人名）　**نالوں**〈後〉نال＋توں「～よりも」　**وکھرا**〈形〉別な　**انوکھا**〈形〉斬新な　**حقیقت**〈女〉真実　**اظہار**〈男〉表明　**قادر**〈形〉力強い　**پہلو**〈男〉側面　**یاں**〈接〉または

بُرا، اوہناں دی نظر توں لُکیا چُھپیا نہیں۔
وارث شاہ دی شاعری وارث شاہ دے ویلے دی
ای نہیں سگوں اَج دی وی شاعِری اے۔ ایہہ
انسانی فِطرت، وسّوں، سماج، محبّت، نفرت، جھوٹ
تے سچ دی شاعری اے۔
حقّی گلّ ایہہ وے کہ سیّد وارث شاہ اِک عظیم
شاعر نیں تے اوہناں دی شاعری زِندگی دی شاعری
اے۔ جد تائیں ایس دھرتی اُتّے زندگی دا
پرچھانواں لبھدا رہوے گا، وارث شاہ دی شاعری
ہور وی نِکھر نِکھر کے اپنا آپ منواندی رہے گی۔

burā, ónā̃ dī nazar tõ lukĕā chupĕā náī̃.

wāris šá̄ dī šāirī wāris šá̄ de wele dī ī náī̃ sagõ aj dī vī šāirī e. é insānī fitrat, vassõ, samāj, muhabbat, nafarat, cū̃ṭ te sacc dī šāirī e.

hakkī gall é ve kĕ sɛyad wāris šá̄ ik azīm šāir ne te ónā̃ dī šāirī zindagī dī šāirī e. jad tāī̃ es tàrtī utte zindagī dā parchā̃wā̃ lábdā ráve gā, wāris šá̄ dī šāirī hor vī nikhar nikhar ke apṉā āp manwā̃dī ráe gī.

社会のどんな側面も彼は見逃さなかった。

ワーリス・シャーの詩は彼の時代だけでなく今日的な詩でもあり，人間の本性，生活様式，社会，愛憎，虚実についての詩なのである。

実にサイヤド・ワーリス・シャーは偉大な詩人であり，彼の詩は人生の詩である。この地上に人生の影（痕跡）が見つかるかぎり，ワーリス・シャーの詩もより磨きがかかって自ずから（その価値を人々に対して）認めさせていくだろう。

لکنا〔自〕隠れる。ここでは過去分詞で「隠れた」という形容詞 **چھپنا**〔自〕隠れる。上に同じ **سگوں**〈接〉前の節の ای نہیں と相関的に用いられて「～だけでなく，その上に～」を表す **انسانی**〈形〉人間の **فطرت**〈女〉本性 **وسوں**〈女〉生活様式 **سماج**〈男〉社会 **نفرت**〈女〉嫌悪 **جھوٹ**〈男〉うそ **حقی**〈形〉本当の **ایہہ وے** 基・パ p49 **جد تائیں**〈接〉～する限り **پرچھانواں**〈男〉影 **لبھنا**〔自〕見つかる **لبھدا رہوے گا** 現在分詞＋رہنا は継続を表す **ہور وی** より以上に **نکھرنا**〔自〕洗練される，磨かれる **اپنا آپ**〈副〉自ずから **منوانا**〔他〕認めさせる

وَگدی اے راوی

پنجاب وِچ پنج دریا وَگدے نیں۔ ایسے لئی
ایہنوں پنج آب یعنی پنج پانیاں دی دھرتی آکھیا
جاندا اے۔ ایہہ پنج دریا ستلج، بیاس، راوی،
چناب تے جہلم نیں۔ پاکستان بَنن مگروں پنجاب
دے دو حصّے ہو گئے۔ اِک حصّہ ہندوستان وِچ رہ
گیا تے دُوجا پاکستان وِچ اے۔ اِنج ساڈے اَج دے
پنجاب وِچ چار ای دریا باقی رہ گئے نیں۔
ایہناں دریاواں دا پانی نہراں تے کھالاں دے
ذریعے پِنڈ پِنڈ تے پَیلی پَیلی اَپڑدا اے۔ ایسے

wagdī e rāvī

panjāb wic panj daryā wagde ne. ese laī énū̃ panj āb yānī panj pāṇiyā̃ dī tàrtī ākhĕā jā̃dā e. é panj daryā satluj, biās, rāvī, canāb te jélam ne. pākistān baṇan magrõ panjāb de do hisse ho gae. ik hissā hindustān wic rɛ́ gĕā te dūjā pākistān wic e. inj sāḍe aj de panjāb wic cār ī daryā bākī rɛ́ gae ne. énā̃ daryāwā̃ dā pāṇī nɛ́rā̃ te khālā̃ de zarīe piṇḍ piṇḍ tẹ pɛlī pɛlī apaṛdā e. ese

ラーヴィー河は流れる

パンジャーブには5つの河が流れている。このためにパンジャーブは5つのアーブつまり5つの河の地と呼ばれている。この5つの河はサトルジ，ビアース，ラーヴィー，チャナーブ，ジェーラムの河である。パーキスターンができた後，パンジャーブは2つの部分に別れた。1つはインドに残り，もう1つはパーキスターンにある。こうして，我々の今日のパンジャーブには4つの河だけが残っている。これらの川の水は，運河や水路を通じて，村々，畑へと達している。

وگنا〔自〕流れる　**پنج**〈男〉5〈形〉5の　**دریا**〈男〉河　**ایسے لئی** ایسے は ایس の強調形。「このため」の意　**ایہنوں** ایہہ + نوں　**آب**〈男〉水，河　**پانی**〈男〉水，河。آب はペルシア系の単語なのでそれを言い換えるために用いられている　**دھرتی**〈女〉大地，土地　**آکھیا جاندا اے**【آکھنا〔他〕言う】の過去分詞＋جانا で受動態。جاندا اے は現在形・3・男・単　**ستلج** サトルジ河　**بیاس** ビアース河　**راوی** ラーヴィー河　**چناب** チャナーブ河　**جہلم** ジェーラム河　**بنن**【بننا〔自〕できる，作られる】の不定詞・斜格　**مگروں**〈後〉～の後で　**حصہ**〈男〉部分　**ہندوستان**〈男〉ヒンドゥスターン（インドのこと）　**رہنا**〔自〕残る　**دوجا**〈形〉もう1つの，2番目の　**انج**〈副〉このようにして　**ساڈا**【اسیں〈代〉我々】の所有格　**اج**〈副〉今日　**چار**〈男〉4〈形〉4の　**ای**〈前接〉強調を表す。「～だけ」　**[باقی رہنا]** 残る　**رہ گئے نیں** رہنا の語幹＋جانا で複合動詞。گئے نیں は現在完了形・3・男・複。基・パ p102　**ایہناں** 代名形容詞 ایہہ の斜格　**دریاواں** دریا の斜格・複　**نہر**〈女〉運河　**کھال**〈男〉水路　**دے ذریعے**〈後〉～で（手段）　**پنڈ**〈男〉村。繰り返して「村々」の意　**پیلی**〈女〉畑。繰り返して「畑という畑」の意　**اپڑنا**〔自〕到達する

پانی دی برکت اے جے دیس پنجاب دی دھرتی
دُنیا دی سب توں چنگی تے زرخیز دھرتی اے۔
پنجاب وِچ زیادہ‌تر ہریاں ہریاں فصلاں تے پھَلاں
نال لدے ہوئے باغ نیں پر کُجھ حِصّہ پہاڑی تے
ریتلا وی اے۔ پہاڑی علاقے معدنی دولت نال
مالامال نیں۔ دُنیا وِچ لوݨ دی سب توں وَڈّی کاݨ
پنجاب وِچ ای اے۔ ایس توں وَکھ تیل، کولا،
سیمنٹ تے چُونے دا پتّھر وی پنجاب دے پہاڑی
علاقیاں چوں مِلدا اے۔ آج کل نَویاں نہراں کڈھ
کے ریتلے یاں تھل دے علاقیاں نُوں واہی بِیجی

pāṉī dī barkat e je des panjāb dī tàrtī duniyā dī sab tõ cangī te zarxez tàrtī e. panjāb wic ziyādātar hariyā̃ hariyā̃ faslā̃ te phalā̃ nāl lade hoe bāğ ne par kúj hissā pàṛī te retlā vī e. pàṛī ilāke mādanī dɔlat nāl mālāmāl ne. duniyā wic lūṉ dī sab tõ waḍḍī kāṉ panjāb wic ī e. es tõ wakh tel, kolā, sīmanṭ te cūne dā patthar vī panjāb de pàṛī ilākiā̃ cõ mildā e. āj kal naviyā̃ nérā̃ káḍ ke retle yā̃ thal de ilākiā̃ nū̃ vāhī bījī

まさにこの水のおかげでパンジャーブの大地は世界で最も素晴らしくて肥沃な土地なのである。パンジャーブはその大部分が青々とした作物や果物でいっぱいの庭園であるが，丘陵地帯や砂漠地帯も少しある。丘陵地帯は鉱物資源が豊富である。世界で最も大きな塩の鉱山がパンジャーブにある。これ以外にも石油，石炭，セメント，石灰石もパンジャーブの丘陵地帯にある。最近，新しい運河を引いて，砂漠地帯が耕作可能に

برکت〈女〉祝福　**جے**〈接〉پئی, کہ と同じ。英語の that に相当　**دیس**〈男〉国　**دنیا**〈女〉世界　**سب توں** 全てより～。最上級を表すために用いられる。基・パ p74　**چنگا**〈形〉良い，素晴らしい　**زرخیز**〈形〉肥沃な　**زیادہ‌تر**〈形〉多くの　**ہرا**〈形〉緑の。繰り返して「青々とした」の意　**فصل**〈女〉作物　**پھل**〈男〉果物　**لدے ہوئے**【لدنا〔自〕積まれる】の過去分詞＋ہونا の過去分詞で状態を表す形容詞句　**باغ**〈男〉庭園。ここではパンジャーブの農村地帯を庭園に喩えている　**کجھ**〈形〉幾らかの　**پہاڑی**〈形〉山の　**ریتلا**〈形〉砂質の　**وی**〈前接〉～も　**علاقہ**〈男〉地域　**معدنی**〈形〉鉱物の　**دولت**〈女〉財産　**مالامال**〈形〉豊かな　**لون**〈男〉塩　**کان**〈女〉鉱山　**ایس توں وکھ** これとは別に　**تیل**〈男〉石油　**کولا**〈男〉石炭　**سیمنٹ**〈男〉セメント　**چونا**〈男〉石灰石　**پتھر**〈男〉石　**چوں**〈後〉وچوں「～の中から」の短縮形　**ملنا**〔自〕手に入る　**آج کل**〈副〉昨今　**نواں**〈形〉新しい　**کڈھنا**（水路などを）引く　**تھل**〈男〉砂漠地帯　**واہی بیجی**〈女〉耕作

دے قابل بنایا جا رہیا اے۔
پنجاب دے بوہتے لوک پِنڈاں وِچ رہندے نیں۔
پینڈو بڑے سِدّھے تے کھرے آدمی ہوندے نیں۔
ایہناں وچ بناوٹ نہیں ہوندی۔ کِسے نال دوستی
کرن یا دُشمنی، ہمیشہ کُھل کے کردے نیں۔ اپنی
نفرت یا پیار نُوں لُکا نہیں سکدے۔ پنجابیاں
نُوں اِسلام نال بڑا گُوڑھا پیار اے۔ اِسلام لئی
اپنی جان وی قُربان کرنی پوے تے پِچھے نہیں
ہٹدے۔ پنجاب دیاں شہراں وِچ نَویاں نَویاں مِلّاں
تے کارخانے بن رہے نیں۔ ایہناں کارخانیاں وِچ عام

de kābal bāɳāěā jā réā e.

panjāb de bǿte lok piɳḍā̃ wic rḗde ne. peɳḍū baṛe sídde te khare ādmī hõde ne. énā̃ wic baɳāwaṭ náī̃ hõdī. kise nāl dostī karan yā dušmanī, hamešā khul ke karde ne. apɳī nafarat yā piyār nū̃ lukā náī̃ sakde. panjābiyā̃ nū̃ islām nāl baṛā gū́ṛā piyār e. islām laī apɳī jān vī kurbān karnī pave te▲ picche náī̃ haṭde. panjāb diyā̃ šɛ́rā̃ wic naviyā̃ naviyā̃ millā̃ te kārxāne baɳ ráe ne. énā̃ kārxāniā̃ wic ām

されつつある。

パンジャーブの多くの人々は村に住んでいる。村人はとても素直で純朴である。彼らには飾ったところがない。誰かと友情を結ぶにも，敵対するにしても，いつもおおっぴらに行う。自分の嫌悪感や愛情を隠せないのだ。パンジャービーはイスラームを深く愛している。イスラームのために自分の命を犠牲にしなければならなくなっても，後ずさりなどしない。パンジャーブの都市では新しい工場が造られている。これらの工場では

دے قابل ～に値する　بنایا جا رہیا اے【بناؤنا〔他〕作る】の過去分詞＋جانا で受動態。جا رہیا اے は現在進行形・3・男・単　بوہتا〈形〉多くの　لوک〈男〉人々　رہنا〔自〕住む　پینڈو〈男〉村人　سدھا〈形〉素直な　کھرا〈形〉純朴な　آدمی〈男〉人　ہوندے نیں ہونا の現在形・3・男・複　بناوٹ〈女〉飾ったところ　نہیں ہوندی 否定辞 نہیں があるので，最後のコピュラ動詞の現在が省略されている　کسے【کوئی〈代〉誰か】の斜格　[دوستی کرنا] 友情を結ぶ　کرن کرنا の不定詞・斜格。ここでは「～するために（目的）」という意味になる　یا〈接〉～か～　دشمنی 後ろの کرن が省略されている。「敵対するために」の意　ہمیشہ〈副〉いつも　کھل کے〈副〉おおっぴらに　اپنا〈形〉自分の　نفرت〈女〉嫌悪感　پیار〈男〉愛　لکا نہیں سکدے【لکاؤنا〔他〕隠す】の語幹＋سکنا で可能表現　پنجابی〈男〉パンジャービー　اسلام〈男〉イスラーム教　گوڑھا〈形〉深い　[x نوں y نال پیار ہونا] x は y を愛している　لئی〈後〉～のために（目的）　جان〈女〉命　قربان کرنی پوے [قربان کرنا] 犠牲にする。不定詞＋پینا は「～しなければならない」の意。基・パ p140。پوے は不確定未来形・3・単　پچھے〈副〉後ろに　ہٹنا〔自〕退く　شہر〈男〉市，町　نواں〈形〉新しい　مل〈女〉工場　کارخانہ〈男〉工場　بن رہے نیں【بننا〔自〕造られる】の現在進行形・3・男・複　عام〈形〉普通の，一般の

وَرتوں دیاں چیزاں مشیناں نال بݨدیاں نیں۔
کارخانیاں تے فیکٹریاں وِچ کمّ کرن والے بوہتے لوگ
پِنڈاں چوں آئے ہوئے نیں۔ ایہناں لوکاں دی محنت
نال ای ایہہ مِلّاں تے کارخانے ترقّی کر رہے نیں۔

پنجاب دے بال پَڑھن لِکھݨ دے نال نال کھیڈاں
دے وی بڑے شوقین نیں۔ پِٹّھو گرم، شٹاپو، لیکان
مارن، چُھون چھپائی، لُکݨ میٹی، کوکلا چھپاکی،
رسّہ ٹپنا، کِکلی، تھال، ٹھیݨاں تے گُڈّے گُڈّی دا
ویاہ بالاں دِیاں عام کھیڈاں نیں۔ ایہہ کھیڈاں
ورزش دا کمّ وی دیندیاں نیں تے زِندگی وِچ چوکنّے

wartõ diyã cīzã mašīnã nāl baɳdiyã ne. kārxāniã te fekṭriyã wic kamm karan wāle bóte log piṇḍã cõ āe hoe ne. énã lokã dī ménat nāl ī é millã te kārxāne tarakkī kar ráe ne.

panjāb de bāl páṛan likhaɳ de nāl nāl kheḍã de vī baṛe šɔkīn ne. piṭṭhū garam, šaṭāpū, līkān māran, chūn chupāī, lukaɳ mīṭī, koklā chupākī, rassā ṭapɳā, kikkalī, thāl, ṭéɳã te guḍḍe guḍḍī dā viá bālã diyã ām kheḍã ne. é kheḍã warzaš dā kamm vī dẽdiyã ne te zindagī wic cɔkanne

日用品が機械で生産されている。工場で働く多くの人々は村からやって来ている。この人々が勤勉に働くことによって，これらの工場は発展している。

パンジャーブの子供たちは勉強と共に遊びも大好きである。ピットゥー・ガラム，シャタープー，リーカーン・マーラン，チューン・チュパーイー，ルカン・ミーティー，コークラー・チュパーキー，ラッサー・タプナー，キッカリー，タール，テーナーン，お人形遊びは子供たちが普通やる遊びである。これらの遊びは運動の役割も果たしているし，生活する上で注意深く

ورتوں〈男〉使用　**چیز**〈女〉もの　**مشین**〈女〉機械　**نال**〈後〉～によって（手段）　**فیکٹری**〈女〉工場　［**کم کرنا**］仕事をする。**کرن والا**は「～している」の意　**لوگ**〈男〉人々　**آئے ہوئے**「やって来た」という状態を示す形容詞句。基・パ p154　**محنت**〈女〉勤勉な労働　**نال**〈後〉～によって（手段）　［**ترقی کرنا**］発展する　**بال**〈男〉子供　**پڑھن**【پڑھنا〔他〕学ぶ】の不定詞・斜格　**لکھن**【لکھنا〔他〕書く】の不定詞・斜格　**دے نال نال**～と共に　**کھیڈ**〈女〉遊び　**شوقین**〈男〉愛好者　**پٹھو گرم**〈男〉球を使った遊び　**شٹاپو**〈男〉石蹴りに似た遊び　**لیکان مارن**〈男〉遊びの一種　**چھون چھپائی**〈女〉鬼ごっこに似た遊び　**لکن میٹی**〈女〉かくれんぼと鬼ごっこに似た遊び　**کوکلا چھپاکی**〈女〉少女たちの遊び　**رسہ ٹپنا**〈男〉縄跳び　**ککلی**〈女〉女の子の踊り　**تھال**〈男〉唄をともなう手まり　**ٹھناں**〈女〉遊びの一種　**گڈے گڈی دا ویاہ**直訳は「男の人形と女の人形の結婚」で人形遊び　**ورزش**〈女〉運動　［**کم دینا**］役割を果たす　**زندگی**〈女〉生活　**چوکنا**〈形〉慎重な

تے ہُشیار رہن دا سبق وی سِکھاندیاں نیں۔
پنجاب دُنیا دا اِک بوہت پُرانا علاقہ اے۔
ایتھے بولی جان والی پنجابی زبان وی بوہت پُرانی
اے۔ پنجاب دے واسی صدیاں توں اپنے رہن سہن،
مِل وَرتن تے زِندگی دے ہور سارے کمّ ایسے زبان
راہیں ساردے آ رہے نیں۔ بابا فرید شکر گنج رح،
سلطان باہو رح، بُلھے شاہ رح تے میاں محمّد بخش رح
جیہے کئی ہور درویشاں تے وَلیاں نے پنجابی زبان
وِچ شاعری کِیتی اے۔ پنجابی شاعری وِچ بندیاں
نُوں نیک بَنن تے دوجے لوکاں نال پیار محبّت نال

te hušiār réṉ dā sabak vī sikhā̃diyā̃ ne.

panjāb duniyā dā ik bɔ́t purāṉā ilākā e. ethe bolī jāṉ wālī panjābī zabān vī bɔ́t purāṉī e. panjāb de vāsī sadiyā̃ tõ apṉe réṉ sɛ́ṉ, mil wartan te zindagī de hor sāre kamm ese zabān rā́ī sārde ā ráe ne. bābā farīd šakar ganj, sultān bāhū, búlle šā́ te miyā̃ muhammad baxš jíe kaī hor darvešā̃ te waliyā̃ ne panjābī zabān wic šāirī kītī e. panjābī šāirī wic bandiyā̃ nū̃ nek baṉan te dūje lokā̃ nāl piyār muhabbat nāl

聡明であるべきことの教訓にもなっている。

パンジャーブは世界でも最も歴史ある地域である。ここで話されているパンジャービー語も古くからのものである。パンジャーブの住民は何世紀にも渡って人づきあいやその他生活の全ての用事をこの言語によって行ってきた。バーバー・ファリード・シャカル・ガンジ，スルターン・バーフー，ブッレー・シャー，ミヤーン・ムハンマド・バフシュやその他の多くの聖者がパンジャービー語で詩作を行った。パンジャービー詩では人々に対して，善良になり，他の人々と愛情を持って暮らすように

ہشیار〈形〉聡明な **رہن**【رہنا〔自〕～であり続ける（状態の継続）】の不定詞・斜格 **سبق**〔男〕教訓 **سکھاؤنا**〔他〕教える **بوہت**〈副〉非常に **پرانا**〈形〉古い **بولی جان والی**【بولنا〔他〕話す】の過去分詞＋**جانا**で受動態。**جانا**の不定詞・斜格＋**والا**。基・パ p137。全体として「話されている」という形容詞句 **زبان**〈女〉～語 **واسی**〈男〉住民 **صدی**〈女〉世紀 **توں**〈後〉～にわたって（時間の幅） **اپنا**〈形〉自分の **رہن سہن**〈男〉人づきあい **مل ورتن**〈男〉人づきあい **ہور**〈形〉他の **سارا**〈形〉全ての **کم**〈男〉仕事，用事 **راہیں**〈後〉～によって（手段） **ساردے آ رہے نیں**【سارنا〔他〕行う】の現在分詞＋現在進行形で「行ってきている」という継続を表す **بابا فرید شکر گنج**バーバー・ファリード・シャカル・ガンジ（人名） **سلطان باہو**スルターン・バーフー（人名） **بلھے شاہ**ブッレー・シャー（人名） **میاں محمد بخش**ミヤーン・ムハンマド・バフシュ（人名） **جیہے**【جیہا〈後接〉～のような】 **کئی**〈形〉かなり多くの **درویش**〈男〉聖者 **ولی**〈男〉聖者 [**شاعری کرنا**] 詩を書く。**کیتی اے**現在完了形・3・女・単 **بندہ**〈男〉人 **نیک**〈形〉善良な **بنن**【بننا〔自〕～になる】の不定詞・斜格 **دوجا**〈形〉他の **لوک**〈男〉人々 **نال**〈後〉～を持って

رہݨ دا سبق دِتّا گیا اے۔ دُشمن دا ڈٹ کے مقابلہ کرن تے ہر کمّ لئی محنت کرن دی نصیحت وی پنجابی شاعری وِچ عام مِلدی اے۔ پنجابیاں نوں شاعری نال بڑا گُوڑھا پیار اے۔ پِنڈاں وِچ وَسّݨ والے عام لوکاں نے لَکھّاں کروڑاں شعر آپ ای بݨا لَئے ہوئے نیں۔ وَڈّے تے وَڈّے، بچّیاں نے وی اَپݨیاں کھیڈاں لئی کوتر سو گوݨ بݨا لَئے ہوئے نیں۔ کُڑیاں جدوں کِکلی پاندیاں، تھال کھیڈدیاں یاں پِینگھ جُھوٹدیاں نیں تے وَنّ سوَنّے گوَݨ گاندیاں نیں۔ ایسے طرح مُنڈے وی اَپݨیاں کھیڈاں وِچ کئی

réɳ dā sabak dittā gĕā e. dušman dā ḍaṭ ke mukāblā karan te har kamm laī ménat karan dī nasíat vī panjābī šāirī wic ām mildī e. panjābiyā̃ nū̃ šāirī nāl baṛā gū́ṛā piyār e. piṇḍā̃ wic vassaɳ wāle ām lokā̃ ne lakkhā̃ karoṛā̃ šer āp ī baɳā lae hoe ne. waḍḍe te▲ waḍḍe, bacciā̃ ne vī apɳiyā̃ kheḍā̃ laī kotar sɔ gɔɳ baɳā lae hoe ne. kuṛiyā̃ jadõ kikkalī pā̃diyā̃, thāl kheḍdiyā̃ yā̃ píng cū̃ṭdiyā̃ ne te▲ wann-sawanne gɔɳ gā̃diyā̃ ne. ese tarā́ muɳḍe vī apɳiyā̃ kheḍā̃ wic kaī

という教訓がなされている。敵に対して勇敢に立ち向かい，どんな仕事のためにも努力をするようにとの忠告もパンジャービー詩にはよくみられる。パンジャーブの人々は詩を深く愛している。村に住む普通の人々は何十万，何千万という詩句を自分で作っている。大人は大人として，子供たちも自分の遊びのために歌をたくさん作っている。少女たちはキッカリーを踊ったり，タール遊びをしたり，ブランコに乗っているときなどに様々な歌を歌う。同様に，男の子たちも遊びの中で

رہن【رہنا〔自〕住む】の不定詞・斜格 **دتا گیا اے** دینا の過去分詞＋جانا で受動態。گیا اے は現在完了形・3・男・単 **دشمن**〈男〉敵 **ڈٹ کے** 勇敢に [**مقابلہ کرنا**] 立ち向かう **ہر**〈形〉すべての [**محنت کرنا**] 勤勉に努力する **نصیحت**〈女〉忠告 **عام**〈副〉普通に，一般に **ملنا**〔自〕得られる，見られる **گوڑھا**〈形〉深い **پیار**〈男〉愛 **وسن والے**【وسنا〔自〕住む】の不定詞・斜格＋والا **لکھاں**【لکھ〈男〉十万】の斜格・複で「何十万の」の意 **کروڑاں**【کروڑ〈男〉千万】の斜格・複で「何千万の」の意 **شعر**〈男〉詩句 **آپ**〈副〉自分で **بنا لئے ہوئے**【بناؤنا〔他〕創る】の語幹＋لینا で複合動詞。لینا の過去分詞＋ہونا の過去分詞は状態を表す形容詞句。「作っている」の意 **وڈے تے وڈے** وڈا はここでは名詞で「大人」の意。「大人は大人で」の意 **بچہ**〈男〉子供 **کھیڈ**〈女〉遊び **کوتر سو**〈男〉101〈形〉沢山の **گون**〈男〉歌 **کڑی**〈女〉女の子 **جدوں**〈副〉～の時に。英語の when に相当。基・パ p150 [**ککلی پاؤنا**] キッカリー踊りをする [**تھال کھیڈنا**] 手まり遊びをする [**پینگھ جھوٹنا**] ブランコをこぐ **ون سونا**〈形〉様々な **گاؤنا**〔他〕歌う **ایسے طرح** 同じ様に **منڈا**〈男〉少年

گِیت گاؤندے نیں۔
پنج دریاواں دی دھرتی دے واسی دریاواں وانگ ای کھلے ڈُلّھے مزاج دے مالک نیں۔ پنجابی بڑے جگرے تے حوصلے والے لوگ نیں۔ نوکری یاں وپار لئی گھروں باہر گئے ہوئے پنجابی دُنیا دے ہر دیس وِچ نظر آؤندے نیں۔ پنجابیاں دی بہادری تے دلیری ساری دُنیا وِچ منّی پرمنّی اے۔ ایہو وجہ اے جے ساری دُنیا وِچ پنجاب دے فوجی تے پہلوان بڑے مشہور نیں۔ مِحنت کرن وِچ پنجاب دِیاں زنانیاں وی کسے توں گھٹ نہیں۔ پِنڈاں دِیاں

gīt gāõde ne.

panj daryāwā̃ dī tàrtī de vāsī daryāwā̃ wāng ī khule ḍúlle mizāj de mālak ne. panjābī baṛe jigre te hɔsle wāle log ne. nɔkrī yā̃ vapār laī kàrõ bā́r gae hoe panjābī duniyā de har des wic nazar aõde ne. panjābiyā̃ dī bàdrī te dilerī sārī duniyā wic mannī-parmannī e. éo wajā e je sārī duniyā wic panjāb de fɔjī te pélwān baṛe mašū̀r ne. ménat karan wic panjāb diyā̃ zanāniyā̃ vī kise tõ kàṭ náī̃. piṇḍā̃ diyā̃

いくつもの歌を歌う。

5つの河の大地の住人は河のように開放的な気質の持ち主である。パンジャービーは勇敢な民族である。仕事や商売で外に行っているパンジャービーは世界のどの国でも見受けられる。パンジャービーの勇敢さは世界で有名である。このため世界中でパンジャービーの兵士やレスラーはとても有名である。勤勉に働くことにかけては，パンジャーブの女性は

گیت〈男〉歌　**وانگ**〈後〉~のように（類似）　**کھلا**〈形〉開放的な　**ڈلھا**〈形〉鷹揚な　**مزاج**〈男〉気質，性格　**مالک**〈男〉所有者　**جگرا**〈形〉勇敢な　**حوصلہ**〈男〉勇敢さ 。حوصلے والے「勇敢さを持った」の意　**نوکری**〈女〉仕事　**وپار**〈男〉商売　**گھروں**【گھر〈男〉家】+ توں　**باہر**〈副〉外に　**گئے ہوئے** جاݨاの過去分詞 + ہوݨاの過去分詞で状態を表す形容詞句。「行っている」の意　**دیس**〈男〉国　[**نظر آؤݨا**] 見られる　**بہادری**〈女〉勇敢さ　**دلیری**〈女〉勇敢さ　**منا پرمنا**〈形〉有名な，認められた　**ایہو**〈代〉ایہہの強調形　**وجہ**〈女〉理由　**جے**〈接〉کہ, پئیと同じ。英語の thatに相当　**فوجی**〈男〉兵士　**پہلوان**〈男〉レスラー　**زنانی**〈女〉女性　**کسے**不定代名詞کوئیの斜格　**گھٹ**〈形〉少ない

عورتاں واہی بِیجی دے سارے کمّاں کاراں وِچ برابر
دی مِحنت کردیاں نیں۔ فیر چکّی پِیہنا تے دُدھ
رِڑکنا اجیہے کمّ نیں کہ دُنیا وِچ شاید ای کِسے
ہور قوم دِیاں عورتاں اینے سخت کمّ کر سکدیاں
ہوݨ۔

پنجاب اُتّے کئی حملے ہوئے نیں پر پنجابیاں
نے ہمیشہ بڑی بہادری تے دلیری نال ایہناں دا
مقابلہ کِیتا تے دُشمناں نُوں سِر سٹ کے نسّݨ اُتّے
مجبور کِیتا اے۔

ɔrtā̃ vāhī bījī de sāre kammā̃ kārā̃ wic barābar dī ménat kardiyā̃ ne. fer cakkī pí̃ṉā te dúd riṛakṉā ajée kamm ne kĕ duniyā wic šāid ī kise hor kɔm diyā̃ ɔrtā̃ ene saxat kamm kar sakdiyā̃ hoṉ.

panjāb utte kaī hamle hoe ne par panjābiyā̃ ne hamešā baṛī bȁdrī te dilerī nāl énā̃ dā mukāblā kītā te dušmanā̃ nū̃ sir suṭ ke nassaṉ utte majbūr kītā e.

誰にもひけをとらない。村の女たちは農耕作業の全てにわたって（男と）同等の仕事をする。そのうえ，臼をひいたり，乳を攪拌したりするのだが，おそらくこれは世界のどんな民族の女性もできないような重労働である。

パンジャーブは何度も侵略されたが，パンジャービーはいつも勇敢に彼らに立ち向かい，敵が意気消沈して逃げざるを得ないようにした。

عورت〈女〉女性　**کار**〈男〉仕事　**برابر دا**同等な　**فیر**〈副〉それから **چکی**〈女〉碾き臼。[**چکی پیہنا**] 臼でひく　**ددھ**〈男〉ミルク　**رڑکنا**〔他〕攪拌する　**اجیہا**〈形〉このような　**شاید ای**おそらく～ないだろう　**قوم**〈女〉民族　**اینا**〈形〉これほどの（量・程度）　**سخت**〈形〉激しい，厳しい　**ہون**コピュラ動詞 **ہونا**の不確定未来形・3・複。ここでは「～だろう」という推定を表している　**اتے**〈後〉～に（場所）　**حملہ**〈男〉攻撃。[**حملہ ہونا**] 攻撃される　**پر**〈接〉しかし　**ہمیشہ**〈副〉いつも [**x دا مقابلہ کرنا**] x に立ち向かう　[**سر سٹنا**] 意気消沈する　**نسن**【**نسنا**〔自〕逃げる】の不定詞・斜格　[**x اتے مجبور کرنا**] x（不定詞・斜格）せざるを得なくする

پاکستان بݨان وِچ پنجابیاں نے بڑیاں قُربانیاں دِتّیاں سَن۔ تے ہُݨ اوہ ایس دی خوشحالی تے ترّقی لئی سخت مِحنت کر رہے نیں۔ تاںجے اپݨے پیارے مُلک پاکستان وِچّوں بُھکھ، ننگ تے غریبی ختم کِیتی جا سکے۔

pākistān baṉāṉ wic panjābiyā̃ ne baṛiyā̃ kurbāniyā̃ dittiyā̃ san. te huṉ ó es dī xušhālī te tarakkī laī saxat ménat kar ráe ne. tā̃je apṉe piyāre mulk pākistān wiccõ pùkh, nang te ğarībī xatam kītī jā sake.

パーキスターンをつくるうえで，パンジャービーは多くの犠牲を払った。そして今はこの国の繁栄と発展のために勤勉に働いている。それによって自分の愛するパーキスターンから飢餓や貧困がなくなるようにと。

[قربانی دینا] 犠牲を払う の不定詞・斜格 بنانا【[他]つくる】 بناؤنا [قربانی 〈女〉犠牲。
تادجے 犠牲を払う ہن 〈副〉今 خوشحالی 〈女〉繁栄 ترقی 〈女〉発展
〈接〉～するように پیارا 〈形〉愛すべき ملک 〈男〉国 بھکھ 〈女〉飢
え ننگ 〈男〉貧困 غریبی 〈女〉貧困 [ختم کرنا]無くす کیتی جا سکے
کرنا の過去分詞＋جانا で受動態。語幹＋سکنا で可能表現。سکے は不確定未来形・3・単

حضرت سُلطان باہُوؒ

سُلطان‌العارِفین حضرت سُلطان باہُوؒ شورکوٹ ضلع جھنگ دے وسنیک سَن۔ آپ مُغلاں دے وِچکارلے سمے ۱۰۳۹ ہجری وِچ پیدا ہوئے۔ اوس زمانے ہندوستان اُتّے شاہجہان بادشاہ دی حکومت سی۔ آپ قوم دے اعوان سَن۔ آپ دے پیو دا ناں حضرت بایزید محمّد سی، جیہڑے اپنے زمانے دے اِک مشہور تے مَنّے پرمَنّے اللہ لوک تے درویش مرد سَن۔ اوہ قرآن مجید دے حافظ، شریعت دے پابند،

hazrat sultān bāhū

sultānul-ārifīn hazrat sultān bāhū šorkoṭ zilā cầg de wasnīk san. āp muğlā̃ de wickārle same san das sɔ untālī hijrī wic pɛdā hoe. os zamāne hindustān utte šā́jahān bādšā́ dī hakūmat sī. āp kɔm de āwān san. āp de pio dā nā̃ hazrat bāyazīd muhammad sī, jéṛe apṇe zamāne de ik mašū̀r te manne-parmanne allāh lok te darveš mard san. ó kur'ān majīd de hāfiz, šarīat de pāband,

ハズラット・スルターン・バーフー

神秘主義者たちの王，ハズラット・スルターン・バーフーはジャング県，ショールコートの住人であった。このかたはムガル朝の時代，ヒジュラ暦1039年に生まれた。その時代インドをシャージャハーン王が支配していた。このかたはアーワーン族の出身であった。父の名前はバーヤズィード・ムハンマドといい，アッラーへの想いに没頭する，その時代の有名な聖者であった。彼は聖コーランを暗記しており，イスラーム法を遵守し，

سلطان العارفین 神秘主義者たちの王　**حضرت** 最上級の敬称　**سلطان باہو** スルターン・バーフー（人名）　**شورکوٹ** ショール・コート（地名）　**ضلع**〈男〉行政区　**جھنگ** ジャング（地名）　**وسنیک**〈男〉住民　**سن** コピュラ動詞 ہونا の過去・3・複　**آپ**〈代〉このかた　**مغل**〈男〉ムガル　**وچکارلا**〈形〉～の間の　**سمے**〈後〉～の時に　**ہجری**〈形〉イスラーム暦の。基・パ p162　[**پیدا ہونا**] 生まれる。ہوئے は ہونا の過去分詞・男・複　**زمانہ**〈男〉時代。اوس زمانے その時代に　**ہندوستان**〈男〉ヒンドゥスターン（インドのこと）　**شاہجہان** ムガル朝第5代皇帝，シャージャハーン（人名）　**بادشاہ**〈男〉王，皇帝　**حکومت**〈女〉支配，政府　**سی** コピュラ動詞 ہونا の過去・3・単　**قوم دا** ～という部族の　**اعوان** アーワーン（部族名）　**پیو**〈男〉父　**ناں**〈男〉名前　**بایزید محمد** バーヤズィード・ムハンマド（人名）　**جیہڑے** 関係詞。基・パ p149　**اپنا**〈形〉自分の　**مشہور**〈形〉有名な　**منا پرمنا**〈形〉有名な　**اللہ لوک**〈男〉アッラーへの想いに没頭する人　**درویش مرد**〈男〉イスラーム神秘主義聖者　**قرآن مجید** 聖コーラン　**حافظ**〈男〉コーランを暗記した人　**شریعت**〈女〉イスラーム法　**پابند**〈形〉～を遵守する

نیک پاک تے پرہیزگار سَن۔ آپ دی ماں دا ناں
بی.بی راستی سی۔ اوہ وی اپنے زمانے دیاں مشہور
ولی سن۔ اوہناں نے بچپن وِچ ای آپ دی
جسمانی، رُوحانی، ظاہری تے باطنی پرورش وِچ کِسے
قسم دی کسر نہیں سی چھڈی۔ آپ اپنی ماں دے
بارے وچ فرماندے نیں: ”میری ماں راستی دی رُوح
اُتّے اللہ دی رحمت ہووے، جیہنے مینوں حق سچ
دی راہ دَسّی۔“

آپ پیدائشی ولی ہون دے نال نال فارسی تے
عربی دے بڑے وَڈّے عالم وی سَن۔ جوان ہوئے تے

nek pāk te parhezgār san. āp dī mā̃ dā nā̃ bībī rāstī sī. ó vī apṇe zamāne diyā̃ mašūr walī san. ónā̃ ne bacpaṇ wic ī āp dī jismānī, rūhānī, zárī te bātinī parwariš wic kise kism dī kasar náī̃ sī chaḍḍī. āp apṇī mā̃ de bāre wic farmā̃de ne: “merī mā̃ rāstī dī rū́ utte allāh dī rémat hove, jéne menū̃ hakk sacc dī rā́ dassī.”

āp pɛdāišī walī hoṇ de nāl nāl fārsī te arabī de baṛe waḍḍe ālim vī san. jawān hoe te▲

善良で，清く，禁欲主義者であった。このかたの母の名はビービー・ラースティーといい，彼女もその時代の有名な聖者であった。彼女は，このかた（スルターン・バーフー）の幼年時代，肉体的，精神的，外見的，内面的養育にどんな不足も残さなかった。このかたは自分の母について言っている。“私に真理の道を教えてくれた我が母ラースティーの魂にアッラーの慈悲があらんことを”

このかたは生まれつきの聖者であるとともに，ペルシア語，アラビア語の偉大な学者でもあった。若者になると

نیک〈形〉善良な　**پاک**〈形〉清浄な　**پرہیزگار**〈男〉禁欲主義者　**ماں**〈女〉母　**بی‌بی راستی** ビービー・ラースティー（人名）　**ولی**〈男〉〈女〉イスラーム聖者　**بچپن**〈男〉幼年時代　**جسمانی**〈形〉肉体的な　**روحانی**〈形〉精神的な　**ظاہری**〈形〉外面的な　**باطنی**〈形〉内面的な　**پرورش**〈女〉養育　**کوئی کسے**（否定辞をともなって「どのような～もない」を表す）の斜格　**قسم**〈女〉種類　**کسر**〈女〉不足，欠陥　**چھڈنا**〔他〕残す。**نہیں سی چھڈی** 基・パ p107　**دے بارے وچ**〈後〉～について　**فرماؤنا**〔他〕おっしゃる　**روح**〈女〉魂　**رحمت**〈女〉慈悲　**ہووے** コピュラ動詞 **ہونا** の不確定未来形・3・単。ここでは「ありますように」という願望を表している　**جیہنے** **جس نے** の口語形　**میینوں** **میں** ＋ **نوں** 基・パ p67　**حق**〈男〉真理　**سچ**〈男〉真理　**راہ**〈女〉道　**دسنا**〔他〕話す　**پیدائشی**〈形〉生来の　**ہون** **ہونا** の不定詞・斜格　**فارسی**〈女〉ペルシア語　**عربی**〈女〉アラビア語　**عالم**〈男〉学者　［**جوان ہونا**］若者になる

ملتان جا کے حضرت بہاءالحقؒ ملتانی دے دربار
تے چلّہ کشی کِیتی۔ تِیہہ سال دی عُمر وِچ دِلّی
ٹُر گئے تے شاہ عبدالرحمٰن دے مرید ہو گئے۔ اِک
تے درویشی ماں پیو ولوں وِرثے وِچ ملی سی تے
دُوجے مُرشد دی نگاہ دے فیض تے اثر نے آپ دی
زندگی تصوّف دے گُوڑھے رنگ وِچ رنگ دِتّی۔
آپ نے تصوّف دے موضوع اُتّے فارسی وِچ ۱۴۲
کتاباں لِکھیاں، پر جیہڑی شے نے اوہناں نُوں ادب
دی دُنیا وِچ ہمیش دی زِندگی دِتّی اوہ اوہناں دی

multān jā ke hazrat bahāul hakk-multānī de darbār te* cillā-kašī kītī. tí sāl dī umar wic dillī ṭur gae te šā́ abdurrahmān de murīd ho gae. ik te▲ darvešī mā̃ pio wallõ wirse wic milī sī te dūje muršad dī nigā́ de fɛz te asar ne āp dī zindagī tasawwuf de gū̃ṛe rang wic rang dittī.

āp ne tasawwuf de mɔzū utte fārsī wic ik sɔ cutālī kitābā̃ likhiyā̃, par jéṛī šɛ ne ónā̃ nū̃ adab dī duniyā wic hameš dī zindagī dittī ó ónā̃ dī

ムルターンへ行って，バハーウル・ハック・ムルターニーの廟で40日のお籠りを行った。30歳の時にデリーへ出立し，シャー・アブドゥッラフマーンの弟子になった。1つには聖者としての資質を父母からの遺産として受け継いだこと，そして師匠の眼差しの恩恵と影響がこのかたの人生を神秘主義という深い色彩で色づけした。

このかたは神秘主義を主題としてペルシア語で144冊の本を書いた。しかし，文学の世界で彼に永遠の生を与えたものは

ملتان ムルターン（地名）　**جا کے** جانا の語幹＋接続分詞 کے。基・パ p154　**بهاءالحق ملتانی** バハーウル・ハック・ムルターニー（人名）　**دربار**〈男〉聖者廟　**چلہ کشی**〈女〉40日間にわたり断食し，コーラン読誦を続ける修行　**تیهہ**〈形〉30の　**سال**〈男〉年，歳　**عمر**〈女〉年齢　**دلی** デリー（地名）　**ٹرنا**〔自〕出発する　**شاه عبدالرحمن** シャー・アブドゥッラフマーン（人名）　**مرید**〈男〉弟子　**~ اک تے ~ دوجے** 1つには～もう1つには～　**درویشی**〈女〉イスラーム聖者としての資質　**ماں پیو**〈男〉父母　**ورثہ**〈男〉遺産　**ملنا**〔自〕手に入る。ملی سی 過去完了形・3・女・単　**مرشد**〈男〉師匠　**نگاه**〈女〉眼差し　**فیض**〈男〉恩恵　**اثر**〈男〉影響　**زندگی**〈女〉人生，生活　**تصوف**〈男〉イスラーム神秘主義　**گوڑھا**〈形〉深い　**رنگ**〈男〉色　**[رنگ دینا]** 色づける，染める　**موضوع**〈男〉主題　**فارسی وچ** ペルシア語で　**کتاب**〈女〉本　**لکھنا**〔他〕書く　**پر**〈接〉しかし　**جیهڑی** 基・パ p149　**شے**〈女〉物　**ادب**〈男〉文学　**دنیا**〈女〉世界　**ہمیش دا** 永遠の

مادری زبان پنجابی اے۔ آپ نے پنجابی زبان وِچ
شاعری کر کے پنجابی ادب دا مانڑ وَدھایا تے
ایہنوں اوس درجے تک پہنچا دِتّا کہ ایہہ
صوفیاں تے اللہ لوکاں دے دِلی جذبیاں دے اظہار
دا وسیلہ بنڑ گئی۔ آپ نے پنجابی شاعری بَیتاں
دی صورت وِچ کِیتی اے۔ آپ دے کلام دا مجموعہ
"ابیاتِ باہُو" دے ناں نال مشہور اے۔
کیوںجے آپ صُوفی بزرگ سَن تے شرع دے وی
پابند سَن، ایس لئی آپ نے اپنی شاعری وِچ
توحید، رسالت تے مُرشد دی ذات اُتّے چوکھا زور

mādarī zabān panjābī e. āp ne panjābī zabān wic šāirī kar ke panjābī adab dā māɳ wadằĕā te énũ os darje tak pɔ̃cā dittā kĕ é sūfiyā̃ te allāh lokā̃ de dilī jazbiyā̃ de izhār dā wasīlā baɳ gaī. āp ne panjābī šāirī bɛtā̃ dī sūrat wic kītī e. āp de kalām dā majmūā "abyāt-e bāhū" de nā̃ nāl mašȗr e.

kiyõje āp sūfī buzurg san te šara de vī pāband san, es laī āp ne apɳī šāirī wic tɔhīd, risālat te muršad dī zāt utte cokhā zor

彼の母語パンジャービー語である。彼はパンジャービー語で詩作をおこないパンジャービー文学の名誉を高めた。彼はスーフィー聖者やアッラーに没頭する人々の感情の表現手段となるほどまでにパンジャービー文学を到達させた。彼はバイトの形でパンジャービー詩を書いた。彼の作品集は『アブヤーテ・バーフー』という名前で有名である。

彼はスーフィー聖者でイスラーム法の遵守者だったので，自分の詩で神の唯一性とイスラームにおける預言者への信仰と師の人格を大変に強調している。

مادری زبان〈女〉母語　**شاعری**〈女〉詩作。[**شاعری کرنا**] 詩をつくる　**کر کے** **کرنا**の語幹＋接続分詞 **کے** **مان**〈女〉名誉　**ودھاؤنا**〔他〕高める　**درجہ**〈男〉程度　**پہنچاؤنا**〔他〕到達させる　**صوفی**〈男〉イスラーム神秘主義者　**دلی**〈形〉心の　**جذبہ**〈男〉感情　**اظہار**〈男〉表現　**وسیلہ**〈男〉手段　**بننا**〔自〕～になる　**بیت**〈女〉詩の用語で2半句からなる1句　**صورت**〈女〉形　**کیتی اے**現在完了形・3・女・単　**کلام**〈男〉作品　**مجموعہ**〈男〉全集　**ناں نال دے**～という名前で　**کیوںجے**〈接〉このあとに原因・理由が述べられる節が続きそれを**ایس لئی**で受けて主節が続く　**صوفی بزرگ**〈男〉イスラーム神秘主義聖者　**شرع**〈男〉イスラーム法　**توحید**〈女〉神の唯一性を認めること　**رسالت**〈女〉(イスラームで認められた) 預言者が真性の預言者であること　**ذات**〈女〉個性　**چوکھا**〈形〉多大な　[**زور دینا**] 強調する

دِتّا اے۔ ایہہ تِنّے موضوع آپ دی شاعری دی جان تے آپ دی زندگی دا نچوڑ نیں۔ آپ اللہ تے اللہ دے رسولؐ دے سچّے عاشق سَن۔ آپ کوئی کم وی شریعت دے خلاف نہیں سَن کردے۔ نماز روزے دے بڑے پابند سَن۔ خود چنگے تے نیک کم کردے تے لوکاں نُوں وی نیک تے چنگے کم کرن دی نصیحت کردے سَن۔ آپ دا فرمان اے: جیہنے اللہ نُوں اِک مَنیا تے حضور نبی کریم صلّی اللہ علیہ و آلہ وسلّم دا رَستہ اختیار کر لیا اوہ دُنیا تے وی کامیاب اے تے آخرت دے غماں تھیں وی بَری اے۔

dittā e. é tinne mɔzū āp dī šāirī dī jān te āp dī zindagī dā nicoṛ ne. āp allāh te allāh de rasūl de sacce āšik san. āp koī kamm vī šarīat de xilāf nāĩ san karde. namāz roze de baṛe pāband san. xud cange te nek kamm karde te lokā̃ nū̃ vī nek te cange kamm karan dī nasíat karde san. āp dā farmān e: jéne allāh nū̃ ik manĕā te huzūr nabī karīm sallallāhu alɛhi wa ālihi wasallam dā rastā ixtiyār kar lĕā ó duniyā te* vī kāmyāb e te āxirat de ğamā̃ thī̃ vī barī e.

これら3つの主題は彼の詩作の命であり，彼の人生の精髄である。彼はアッラーとアッラーの使徒を真に愛する者であった。彼はどんなことであれ，イスラーム法に反することはしなかった。礼拝と断食を厳格に行い，自身が善行を行い，人々にも善行をするように忠告した。唯一のアッラーを認めムハンマドの道を選んだ者はこの世においても成功し，来世の悲しみからも解放されている，と彼は教え，そうするように命じた。

تنا〈形〉3つの　**جان**〈女〉命　**نچوڑ**〈男〉精髄　**الله دے رسول** アッラーの使徒（ムハンマドのこと）　**سچا**〈形〉本当の　**عاشق**〈男〉（誰かを）愛する人　**دے خلاف**〈後〉～に反して　[**کم کرنا**] 仕事をする　**نہیں سن کردے** 基・パ p118　**نماز**〈女〉礼拝　**روزہ**〈男〉断食　**خود**〈副〉自ら　**چنگا**〈形〉良い　**لوک**〈男〉人々　[**نصیحت کرنا**] 忠告する　**فرمان**〈男〉命令，教え　**منتا**〔他〕認める　**حضور**〈男〉（ムハンマドなどに付する敬称）　**نبی کریم** 寛大なる預言者（ムハンマドを指す）　**صلی اللہ علیہ و آلہ وسلم** アッラーが彼と彼の子孫に平安と祝福を与えますように。預言者ムハンマドにだけつけられる言葉　**رستہ**〈男〉道　[**اختیار کرنا**] 選択する　**کامیاب**〈形〉成功した　**آخرت**〈女〉来世　**غم**〈男〉悲しみ　**تھیں**〈後〉～から。**توں** と同じ　**بری**〈形〉自由な，解放された

آپ نے اللہ دی ذات نُوں پچھانن لئی مُرشد
دی ذات نُوں بوہت اہمّیت دِتّی اے۔ آپ فرماندے
نیں کہ اللہ دی پچھان مُرشد دے لَڑلگیاں بِنا
نہیں ہو سکدی۔ دُنیا وِچ مُرشد دی ذات ای اوہ
ذات اے جیہڑی بندے دا میل اللہ نال کراندی
اے۔ مُرشد دی ذات پاک نے ای آپ دے من وِچ
اللہ دے ناں دا دِیوا بالیا، جیھدے چانن پاروں
آپ دا لُوں لُوں روشن ہو گیا۔ ایسے لئی آپ بڑے
خلوص نال دلوں بجانوں اپنے مُرشد نوں ہمیش
جیوندے رہن دی دُعا دیندے نیں۔

āp ne allāh dī zāt nū̃ pachāṉan laī muršad dī zāt nū̃ bót émiat dittī e. āp farmā̃de ne kĕ allāh dī pachāṉ muršad de laṛlagiyā̃ binā nái ho sakdī. duniyā wic muršad dī zāt ī ó zāt e jéṛī bande dā mel allāh nāl karā̃dī e. muršad dī zāt-e pāk ne ī āp de man wic allāh de nā̃ dā dīvā bālĕā, jéde cānaṉ pārõ āp dā lū̃ lū̃ rošan ho gĕā. ese laī āp baṛe xalūs nāl dilõ bajānõ apṉe muršad nū̃ hameš jīõde réṉ dī duā dẽde ne.

彼はアッラーの本性を識るために，師の人格を重要視している。彼は「師に帰依することなしにアッラーを識別するのは不可能である。この世では師の人格こそが人をアッラーと結びつけさせるのである」とおっしゃっている。師の清浄な人格こそが彼の心にアッラーという名の灯火を燃やし，その光によって彼の産毛一つ一つが輝いた。このため彼は自分の師が永遠に生き続けることを心と命をこめて祈るのである。

پچھانن【پچھاننا〔他〕認識する】の不定詞・斜格　[**اہمیت دینا**] 重要視する　**پچھان**〈女〉認識　**لڑلگا**〈男〉帰依　**بنا**〈後〉～なしに　**بندہ**〈男〉人　**میل**〈男〉会うこと。[x دا میل y نال کرانا] x を y に会わせる　**ذات پاک** 清浄な人格　**من**〈男〉心　**دیوا**〈男〉ランプ　**بالنا**〔他〕燃やす　**جیہدے** جس دےの口語形　**چانن**〈男〉明り　**پاروں**〈後〉～によって　**لوں**〈男〉産毛。لوں لوں「産毛1つ1つ」の意　[**روشن ہونا**] 明るくなる　**خلوص**〈男〉誠実さ。خلوص نال 誠実に　**دلوں** دل + توں「心から」　**بجانوں** بجان + توں「命から」　**ہمیش**〈副〉永遠に　**جیونا**〔自〕生きる　**رہن** رہناの不定詞・斜格　[**دعا دینا**] 祈る

آپ نے ایس فانی دُنیا تے اگلی آؤن والی دُنیا
یعنی آخرت وَل وی چوکھا دھیان دِتّا اے۔ آپ نے
ایس دُنیا دی ڈاڈھے سخت لفظاں وِچ نندیا کیتی
اے۔ آپ فرماندے نیں کہ ایہہ دُنیا اِک اجیہی
پلیتی اے جیہنوں کنّا مَل مَل کے پئے دھوئیے، کدے
وی پاک نہیں ہو سکدی۔ جیہڑا بندہ ایس دُنیا
دے پِچھے لگ کے اپنی آخرت دی زندگی نُوں بُھل
بُھلا جاندا اے، آپ اوہنوں چنگا نہیں سمجھدے۔
آپ دا فرمان اے کہ دُنیا دی محبّت، انسان دا
مونہہ اپنے اصلی گھر، آخرت ولّوں موڑ دیندی اے

āp ne es fānī duniyā te aglī āõṉ wālī duniyā yānī āxirat wal vī cokhā tiān dittā e. āp ne es duniyā dī ḍāḍe saxat lafzā̃ wic nindiyā kītī e. āp farmā̃de ne kĕ é duniyā ik ajéī palītī e jénū̃ kinnā mal mal ke pae tòiye, kade vī pāk náī̃ ho sakdī. jéṛā bandā es duniyā de picche lag ke apṉī āxirat dī zindagī nū̃ pùl pulā̀ jā̃dā e, āp ónū̃ cangā náī̃ samájde. āp dā farmān e kĕ duniyā dī muhabbat, insān dā mū̃́ apṉe aslī kàr, āxirat wallõ moṛ dẽdī e

このかたはやがて滅びるこの世界と次にやってくる世界つまり来世についても熟慮している。このかたはこの世をとても厳しい言葉で非難している。このかたはこうおっしゃっている。「この世はどんなに擦って洗おうとも決して清潔にはなりえない汚物である」この世に追いすがり，来世の自分の人生を忘れるものを彼は良く思わなかった。この世に対する愛執は，自分の本当のすみかである来世から人間の顔をそむけさせてしまい，

فانی〈形〉滅びる　**اگلا**〈形〉次の　**آؤن والی** やってくる　**یعنی**〈副〉つまり　**ول**〈後〉～の方に　[**دھیان دینا**] 熟慮する　**ڈاڈھا**〈形〉非常な　**سخت**〈形〉厳しい　**لفظ**〈男〉言葉，単語　**نندیا**〈女〉非難。[نندیا کرنا] 非難する　**اجیھا**〈形〉このような　**پلیتی**〈女〉汚れ　**جیھنوں** جس نوں の口語形　**کنا**〈副〉どれほど　**ملنا** 擦る。**مل مل کے** ゴシゴシ擦って　**پئے پئے دھوئیے** は次の動詞を強調する役割を果たす。**دھوئیے** は【**دھونا**〔他〕洗う】の不確定未来形・1・男・複　**کدے**〈副〉かつて。**کدے وی** は否定辞をともなって「決して～ない」の意　**دے پچھے**〈後〉～の後を　**لگنا**〔自〕くっつく　**زندگی**〈女〉人生，生活　**بھل بھلاؤنا**〔自〕〔他〕忘れる　**سمجھنا**〔他〕思う　**محبت**〈女〉愛　**انسان**〈男〉人間　**مونہہ**〈男〉顔　**اصلی**〈形〉本来の　**گھر**〈男〉家　**موڑنا**〔他〕そむける

تے اخیر نہ آپ ہتھ آؤندی اے تے نہ اوہنوں اگلے پاسے جوگا چھڈدی اے۔

آپ دی ساری زندگی نیک کرداری تے نیک کمّاں دے پرچار وِچ گُزری۔ آپ ۱۱۰۲ ہجری وِچ جمادی الثانی دی پہلی تاریخ جمعے دی رات نُوں تریٹھ ورھے دی عمر وِچ اللہ نُوں پیارے ہو گئے۔ آپ دا مزار ضلع جھنگ تحصیل شورکوٹ وِچ تھانہ گڑھ مہاراجہ توں دو میل دُور جنوب مغرب وَل واقع اے، جتھے اَج وی لکھاں لوک حاضری دیندے نیں۔ آپ دا پنجابی کلام نہ صرف پنجاب

te axīr nā āp hath aõdī e te nā ónū̃ agle pāse jogā chaḍdī e.

āp dī sārī zindagī nek-kirdārī te nek kammā̃ de parcār wic guzrī. āp san yārā̃ sɔ do hijrī wic jamādīussānī dī pélī tārīx jume dī rāt nū̃ tréṭh wáre dī umar wic allāh nū̃ piyāre ho gae. āp dā mazār zilā cə̃g tésīl šorkoṭ wic thānā gáṛ mahārājā tõ do mīl dūr junūb mağrib wal wāke e, jitthe aj vī lakkhā̃ lok hāzrī dẽde ne. āp dā panjābī kalām na sirf panjāb

結局（愛執の対象）は自ずから手に入ることはないし，先（来世）に値する人間にもしてくれない，というのが彼の教えである。

このかたの全人生は，慈善心と善行の伝道のうちに過ぎた。このかたはヒジュラ暦 1102 年のジャマーディゥッサーニー月 1 日金曜日の夜に 63 歳でアッラーの愛でし人となった（逝去した）。このかたの廟はジャング県ショールコート郡ターナー・ガル・マハーラージャーから 2 マイル南西のほうにあり，今日も何十万という人が参詣している。このかたのパンジャービー語の作品はパンジャーブだけでなく

اخیر〈副〉結局　**آپ**〈副〉自ずから　[**ہتھ آؤنا**] 手に入る　**پاسا**〈男〉方角　**جوگا**〈後〉～に値する　**چھڈنا**〔他〕残す　**سارا**〈形〉全～　**نیک کرداری**〈女〉慈善心　**پرچار**〈男〉伝道　**گزرنا**〔自〕過ぎる　**جمادی الثانی**〈男〉イスラーム暦 6 月　**پہلا**〈形〉最初の　**تاریخ**〈女〉日付　**جمعہ**〈男〉金曜日　**رات**〈女〉夜。رات نوں 夜に　**تریٹھ**〈男〉63〈形〉63 の　**ورہا**〈男〉年　[**اللہ نوں پیارا ہونا**] 亡くなる　**مزار**〈男〉墓廟　**تحصیل**〈女〉行政区の一つ　**تھانہ گڑھ مہاراجہ** ターナー・ガル・マハーラージャー（地名）　**دو**〈男〉2〈形〉2 の　**میل**〈男〉マイル　**دور**〈女〉遠方　**جنوب**〈男〉南　**مغرب**〈男〉西　[**واقع ہونا**] 位置する　**جتھے**〈副〉関係副詞。～のところには　**اج**〈副〉今日　**لکھاں**〈形〉何十万の　[**حاضری دینا**] お参りする　**نہ صرف~سگوں~** 英語の not only~but also~ に相当

سگوں پاکستان دے دُوجے حِصّیاں وِچ وی بڑے شوق
نال پڑھیا تے سُنیا جاندا اے۔

sagõ pākistān de dūje hissiā̃ wic vī baṛe šɔk nāl páṛěā te suɳěā jā̃dā e.

パーキスターンの他の地方でも好んで読まれたり聞かれたりしている。

دوجا〈形〉他の　**حصہ**〈男〉部分　**شوق نال** 好んで　**پڑھیا تے سنیا جاندا اے**
پڑھنا と **سننا** の過去分詞＋**جانا** で受動態

حضرت بُلّھے شاہؒ

حضرت بُلّھے شاہؒ اَج توں کوئی تِن صدیاں پہلاں حضرت سخی شاہ محمّد درویش دے گھر پیدا ہوئے۔ بُلّھے شاہؒ دے جمّن تے مرن ورھے بارے وَکھرے وَکھرے عالماں وَکھریاں وَکھریاں تاریخاں دِتّیاں نیں۔ پر سن ١٦٩٢ء حضرت بُلّھے شاہؒ دا صحیح جنم ورھا لگدا اے۔ حضرت بلّھے شاہؒ دے جنم ویلے اوہناں دے پیو حضرت سخی شاہ محمّد درویشؒ بہاولپور دے علاقے اُچ گیلانیاں وِچ رہندے

hazrat bulle šā́

hazrat búlle šā́ aj tō̃ koī tin sadiyā̃ pélā̃ hazrat saxī šā́ muhammad darveš de kàr pɛdā hoe. búlle šā́ de jammaṇ te maran wáre bāre wakhre wakhre ālimā̃ wakhriyā̃ wakhriyā̃ tārīxā̃ dittiyā̃ ne. par san solā̃ sɔ bānwē īsvī hazrat búlle šā́ dā sahī́ janam wárā lagdā e. hazrat búlle šā́ de janam wele ónā̃ de pio hazrat saxī šā́ muhammad darveš bahāwalpūr de ilāke uc gīlāniyā̃ wic rɛ́de

ハズラット・ブッレー・シャー

ブッレー・シャーは今から約3世紀前にサヒー・シャー・ムハンマド・ダルヴェーシュの家に生まれた。ブッレー・シャーの生没年についてはいろいろな学者たちがさまざまな日付を言っているが，1692年がブッレー・シャーの正しい生年のように思われる。ブッレー・シャーの生まれた頃，彼の父サヒー・シャー・ムハンマド・ダルヴェーシュはバハーワルプール地方のウッチ・ギーラーニヤーンに住んでいた。

اج〈男〉今日　کوئی〈副〉約　تن〈男〉3〈形〉3の　صدی〈女〉世紀　پہلاں〈後〉～前に　سخی شاہ محمد درویش サヒー・シャー・ムハンマド・ダルヴェーシュ（人名）　دے گھر～の家に　[پیدا ہونا] 生まれる　جمن〈男〉誕生　مرن〈男〉死亡　ورھا〈男〉年　بارے〈後〉～について　وکھرا〈形〉別の　عالم〈男〉学者　تاریخ〈女〉日付　دتیاں نیں 動詞 دینا の現在完了形・3・女・複　پر〈接〉しかし　جنم ورھا〈男〉誕生日　لگنا〔自〕～だと思われる　ویلے〈後〉～の時に　پیو〈男〉父　بہاولپور バハーワルプール（地名）　اچ گیلانیاں ウッチ・ギーラーニヤーン（地名）　رہنا〔自〕住む

سَن۔ حضرت بُلّھے شاہؒ دی عُمر مَساں چھیاں
ورھیاں دی سی تے حضرت سخی شاہ محمّد
درویشؒ بال بچّے سمیت اُچ گیلانیاں چھڈ کے
ساہیوال دے علاقے ملک وال وِچ آ وسّے۔ ایتھے
اوہناں نوں کوئی زیادہ عرصہ نہیں سی لنگھیا
پئی قصور دے لاگے اِک پِنڈ پانڈوکے بھٹیاں وساݨ
والے چودھری پانڈو بھٹی کسے کم دی وجہ نال
ملک وال دے کول اِک پِنڈ آئے۔ گلّاں گلّاں وِچ
چودھری پانڈو بھٹی اپنے پِنڈ دا ذِکر کِیتا تے
دَسّیا پئی پِنڈ وِچ ہور تے سب کُجھ موجود اے

san. hazrat búlle sā́ dī umar masā̃ cheā̃ wáriā̃ dī sī te hazrat saxī šā́ muhammad darveš bāl bacce samet uc gīlāniyā̃ chaḍ ke sāhīwāl de ilāke malakwāl wic ā vasse. ethe ónā̃ nū̃ koī ziyādā arsā náī̃ sī lángĕā paī kasūr de lāge ik piṇḍ pā̃ḍoke pàṭṭiyā̃ vasāṇ wāle cɔ́drī pā̃ḍo pàṭṭī kise kamm dī wajā nāl malakwāl de kol ik piṇḍ āe. gallā̃ gallā̃ wic cɔ́drī pā̃ḍo pàṭṭī apṇe piṇḍ dā zikar kītā te dassĕā paī piṇḍ wic hor te▲ sab kúj mɔjūd e

ブッレー・シャーがまだ6歳だった時にサヒー・シャー・ムハンマド・ダルヴェーシュは子供を連れてウッチ・ギーラーニヤーンを離れ，サーヒーワール地方のマラクワールに移り住んだ。そこでそれほど時がたたないうちに，カスールの近くにあるパーンドーケー・バッティヤーンを開拓・殖民したチョードリー・パーンドー・バッティーがある用事でマラクワール近くのある村にやってきた。話をするうちに，チョードリー・パーンドー・バッティーは自分の村に言及して，村には何でもあるのだが，

عمر〈女〉年齢　**مساں**〈副〉まだ　**چھیاں ورھیاں** 6歳　**بال بچہ**〈男〉子供 **سمیت**〈後〉～と共に　**چھڈنا**〔他〕捨てる　**ساہیوال**サーヒーワール（地名） **علاقہ**〈男〉地方　**ملک وال**マラクワール（地名）　**وسے آ** آکر وسنا「来て住む」と同じ表現　**عرصہ**〈男〉期間　**لنگھنا**〔自〕過ぎる　**پئی**〈接〉前の節と次の節で述べられることが同時に起こったことを表す　**قصور**カスール（地名）　**دے لاگے**〈後〉～の近くに　**پانڈوکے بھٹیاں**パーンドーケー・バッティヤーン（地名）　**وساؤنا**〔他〕開拓殖民する　**چودھری پانڈو بھٹی**チョードリー・パーンドー・バッティー（人名）　**دے کول**〈後〉～の許に **گلاں وچ**話をするうちに　[**x دا ذکر کرنا**] xに言及する　**ہور تے**他には **سب کجھ**全て　[**موجود ہونا**] ある

پر کوئی سیّد یاں مولوی عالم نہیں۔ تلونڈی دے وسنیک اوہناں نوں ملکوال حضرت بُلّھے شاہ دے پیو کول لے گئے۔ چودھری پانڈو بھٹی تے دُوجے لوکاں دے آکھن اُتے حضرت بُلّھے شاہ دے پیو پانڈوکے بھٹیاں جان لئی تیار ہو گئے۔

پانڈوکے بھٹیاں آ کے حضرت سخی شاہ محمّد درویش ہوراں درس دینا شروع کر دِتّا تے حضرت بُلّھے شاہ ہوراں، جیہڑے حالے ماپیاں دے رکھے ناں عبداللہ شاہ نال پُکارے جاندے سن، ڈنگر چارن دا کمّ سنبھال لِتا۔ ایس نِکّی عُمرے وی بُلّھے

par koī sɛyad yā̃ mɔlvī ālim nái̇̃. talwā̃ḍī de wasnīk ónā̃ nū̃ malakwāl hazrat búlle šā́ de pio kol lɛ gae. cɔ́drī pā̃ḍo pàṭṭī te dūje lokā̃ de ākhaɳ utte hazrat búlle šā́ de pio pā̃ḍoke pàṭṭiyā̃ jāɳ laī tiār ho gae.

pā̃ḍoke pàṭṭiyā̃ ā ke hazrat saxī šā́ muhammad darveš horā̃ dars deɳā šurū kar dittā te hazrat búlle šā́ horā̃, jéṛe hāle māpĕā̃ de rakhe nā̃ abdullāh sā́ nāl pukāre jā̃de san, ḍangar cāran dā kamm sambā̀l littā. es nikkī umre vī búlle

サイヤドやモールヴィーがいないといった。タルワンディーの住民たちは彼をマラクワールにいるブッレー・シャーの父の許に連れて行った。チョードリー・パーンドー・バッティーや他の人々の説得でブッレー・シャーの父はパーンドーケー・バッティヤーンに行く用意ができた。

パーンドーケー・バッティヤーンにくると，サヒー・シャー・ムハンマド・ダルヴェーシュは教えを説きはじめた。まだ父母のつけたアブドゥッラー・シャーという名前で呼ばれていたブッレー・シャーは牛飼いを始めた。こんな幼い年のときでさえも

سید〈男〉サイヤド（ムハンマドの血筋を引くといわれる集団)。パンジャーブの農村ではサイヤドであるということだけで尊敬を受ける存在だった **مولوی**〈男〉イスラーム学者 **تلونڈی** タルワンディー（地名） **وسنیک**〈男〉住民 **لے جانا**〔自〕連れて行く **آکھن اتے** 言うので [**تیار ہونا**] 準備ができる [**درس دینا**] 教える [**شروع کرنا**] 始める **حالے**〈副〉まだ **ماپیاں**〈男〉父母 **رکھے ناں** 名づけた名前 **عبداللہ شاہ** アブドゥッラー・シャー（人名） **پکارنا**〔他〕呼ぶ **ڈنگر**〈男〉牛 **چارنا**〔他〕飼う **سنبھالنا**〔他〕引き受ける。**لتا** は **لینا** の過去分詞・男・単 **نکا** 幼い **عمرے** 年齢で

شاہؒ دیاں کُجھ اجیہیاں کراماتاں نظری آؤندیاں نیں جیہناں توں پتہ لگدا اے پئی حضرت بُلّھے شاہؒ جماندرو صُوفی سن۔

اِک واری حضرت بُلّھے شاہؒ ڈنگر چراندیاں اِک رُکھ تھلّے جا سُتّے۔ ڈنگراں نے اِک بندے جیون خاں دی پَیلی اُجاڑ دِتّی۔ پَیلی دی ایہہ حالت تک کے جیون خاں غصّے وِچ آ گیا۔ اوہ حضرت بُلّھے شاہ نوں مارن واسطے اوہناں ول آیا پر ویکھدا کِیہہ اے پئی حضرت بُلّھے شاہؒ رُکھ تھلّے سُتّے پئے نیں، تے اوہناں اُتّے اِک پھنیئر سَپ سایہ کیتی

šā́ diyā̃ kúj ajéiyā̃ karāmatā̃ nazarī āõdiyā̃ ne jénā̃ tõ patā lagdā e paī hazrat búlle šā́ jamā̃drū sūfī san.

ik wārī hazrat búlle šā́ ḍangar carā̃diyā̃ ik rukh thalle jā sutte. ḍangarā̃ ne ik bande jīvan xā̃ dī pɛlī ujāṛ dittī. pɛlī dī é hālat tak ke jīvan xā̃ ğusse wic ā gĕā. ó hazrat búlle šā́ nū̃ māran wāste ónā̃ wal āĕā par wekhdā kí e paī hazrat búlle šā́ rukh thalle sutte pae ne, te ónā̃ utte ik phánīar sapp sāyā kītī

ブッレー・シャーが生まれつきのスーフィーであったことが分かる奇跡が見受けられる。

あるときブッレー・シャーは牛飼いをするうちにある木の下で眠ってしまった。牛たちはジーヴァン・ハーンという人物の畑を荒らしてしまった。畑のその有様を見て，ジーヴァン・ハーンは怒った。彼はブッレー・シャーを打ち据えようと彼のところにやってきたが，目にしたのはなんとブッレー・シャーが木の下で眠っており，毒蛇が彼に覆い被さって

کرامت〈女〉奇跡　[**نظریں آؤنا**] 見られる　[**پتہ لگنا**] わかる，見当がつく　**جماندرو**〈形〉生来の　**اک واری** ある時　**رکھ**〈男〉木　**تھلے**〈後〉～の下で　**جا ستے** 行って寝た。ستے は【سونا〔自〕寝る】の過去分詞・男・複　**جیون خاں** ジーヴァン・ハーン（人名）　**پیلی**〈女〉畑　**اجاڑنا**〔他〕荒らす　**حالت**〈女〉様子　**تکنا**〔自〕見る　**غصہ**〈男〉怒り。[غصے وچ آؤنا] 怒る　**مارنا**〔他〕殴る，叩く　**واسطے**〈後〉～のために（目的）　**ول**〈後〉～の方に　**ویکھدا کیہہ اے** 何を見たかといえば　**ستے ستے پئے نیں** は「眠った」という状態を表している。پئے は【پینا〔自〕転がる】の過去分詞で「転がった」という状態を表している **پھنیئر سپ**〈男〉毒蛇　[**سایہ کرنا**] 影をつくる，覆い被さる

کھڑا اے۔ جیون خاں اوسے ویلے بُلّھے شاہؒ دے پیو
کول گیا تے دَسّیا پئی تہاڈے پُتّر نے میری پَیلی
اُجاڑ دِتّی اے تے ہُن اوتھے مویا پیا جے۔ حضرت
بُلّھے شاہؒ دے پیو گھابر گئے تے چھیتی نال بُلّھے
شاہؒ کول پجے۔ اوہناں دے آؤن نال سَپ نٹھ گیا
تے رَولا سُن کے حضرت بُلّھے شاہؒ دی اکھ کُھل
گئی۔ پُتّر نوں زندہ تک کے حضرت سخی شاہ
محمّد درویشؒ دی جان وِچ جان آئی۔ اوہناں
حضرت بُلّھے شاہؒ نوں جیون خاں دی پَیلی بارے
پُچھیا۔ حضرت بُلّھے شاہؒ بڑے اعتماد نال آکھیا

kharā e. jīvan xā̃ ose wele búlle šā́ de pio kol gĕā te dassĕā paī tuā̀ḍe puttar ne merī pɛlī ujāṛ dittī e te huṇ othe moĕā pĕā je. hazrat búlle sā́ de pio kā̀bar gae te chetī nāl búlle šā́ kol pujje. ónā̃ de āõṇ nāl sapp naṭṭh gĕā te rɔlā suṇ ke hazrat búlle šā́ dī akh khul gaī. puttar nū̃ zindā tak ke hazrat saxī šā́ muhammad darveš dī jān wic jān āī. ónā̃ hazrat búlle šā́ nū̃ jīvan xā̃ dī pɛlī bāre pucchĕā. hazrat búlle šā́ baṛe etĕmād nāl ākhĕā

鎌首をもたげている姿だった。ジーヴァン・ハーンは即座にブッレー・シャーの父の許へ行き，あなたの息子が私の畑を荒らし，そこで死んでいると告げた。ブッレー・シャーの父は狼狽してすぐにブッレー・シャーのところへ行った。彼がくるとすぐに蛇は逃げて行き，騒ぎを聞きつけてブッレー・シャーの目が開いた。息子が生きているのを見てサヒー・シャー・ムハンマド・ダルヴェーシュは安心した。彼はブッレー・シャーにジーヴァン・ハーンの畑について尋ねた。ブッレー・シャーは自信満々に

[**کھڑا ہونا**] 立っている **مویا مویا پیا ہے** は【**مرنا**〔自〕死ぬ】の過去分詞・男・単で「死んだ」という状態を表している。**پیا** は「転がった」という状態を表している。**ہے** は **اے** と同じ **گھابرنا**〔自〕慌てる **چھیتی نال** 急いで **پجتا**〔自〕到着する **نٹھنا**〔自〕逃げる **رولا**〈男〉音 **سننا**〔他〕聞く [**اکھ کھلنا**] 目が開く **زندہ**〈形〉生きた **جان**〈女〉命。[**جان وچ جان آونا**] 安心する **پچھنا**〔他〕尋ねる **اعتماد**〈男〉自信

پئی جیون خاں دی پَیلی ہری بھری اے، اوس نوں
کُجھ نہیں ہویا۔ لوکاں پَیلی نوں تکیا تے اوہ
واقعی ہری بھری سی۔ جیون خاں نے آپ دی ایہہ
کرامت ویکھ کے اوہ پَیلی آپ دی نذر کر دِتّی۔
جیہڑی ہُن تیک حضرت سخی شاہ محمّد درویش ؒ
دے مزار دی ملکیت اے۔

آکھیا جاندا اے پئی جدوں حضرت بُلّھے شاہ ؒ
ذرا سیانے ہوئے تے اوہناں نوں قصور دے حضرت
مخدوم محی الدین قصوری تے مولوی غلام مرتضی
ہوراں کول پڑھنے پا دِتّا گیا۔ کُجھ عالم دسدے

paī jīvan xā̃ dī pɛlī harī pàrī e, os nū̃ kúj náī̃ hoĕā. lokā̃ pɛlī nū̃ takĕā te˄ó wākaī harī pàrī sī. jīvan xā̃ ne āp dī é karāmat wekh ke ó pɛlī āp dī nazar kar dittī. jéṛī huɳ tīk hazrat saxī šā́ muhammad darveš de mazār dī milkiyat e.

ākhĕā jā̃dā e paī jadõ hazrat búlle sā́ zarā siāɳe hoe te ónā̃ nū̃ kasūr de hazrat maxdūm muhīuddīn kasūrī te mɔlvī ğulām murtazā horā̃ kol páṛne pā ditta gĕā. kúj ālim dasde

ジーヴァン・ハーンの畑は青々としており，何も起こっていないと答えた。人々が畑を見てみると，本当に青々としていた。ジーヴァン・ハーンは彼のこの奇跡を見て，その畑を彼に寄進した。それは今に至るまで，サヒー・シャー・ムハンマド・ダルヴェーシュの墓廟の所有となっている。

ブッレー・シャーが少し物心がつくようになると，彼は学習のためにカスールのマフドゥーム・ムヒーウッディーン・カスーリーとモールヴィー・グラーム・ムルタザーの許に置かれたと言われている。

ہرا بھرا〈形〉（草木などが）青々とした **اوس نوں کجھ نہیں ہویا** اوس は畑を指し，「それ（畑）には何も起こらなかった」の意 **واقعی**〈副〉本当に [**x دی نذر کرنا**] x に寄進する **تیک**〈後〉～まで **ملکیت**〈女〉所有物 [**سیانا ہونا**] 物心がつく **مخدوم محی‌الدین قصوری** マフドゥーム・ムヒーウッディーン・カスーリー（人名） **غلام مرتضی** グラーム・ムルタザー（人名） **پڑھنے** 動詞 پڑھنا の不定詞・斜格。ここでは「学ぶために」という目的を表す **پاؤنا**〔他〕置く

نیں پئی قصّہ "ہیر رانجھا" دے لکھاری وارث
شاہ وی اوس ویلے حضرت مخدوم محی الدین
قصوریؒ کول پڑھن لئی آؤندے سن۔

حضرت بُلّھے شاہ کُجھ ہور سیانے ہوئے تے
اوہناں لہور دے اِک بزرگ شاہ عنایت قادریؒ دے
ہتھ اُتّے بیعت کر لئی۔ شاہ عنایت قادریؒ دا
مزار لہور وِچ کوئینز روڈ اُتّے موجود اے۔

شاہ عنایت قادریؒ 1147ھ وِچ فوت ہوئے تے
ایہناں توں مگروں حضرت بُلّھے شاہؒ تریہہ ورھے
تیک اوہناں دے خلیفہ رہے۔

ne paī kissā "hīr rā̃jā" de likhārī wāris šā́ vī os wele hazrat maxdūm muhīuddīn kasūrī kol páṛan laī āõde san.

hazrat búlle šā́ kúj hor siāɳe hoe te▲ónā̃ lɔ̀r de ik buzurg šā́ ināyat kādirī de hath utte bɛat kar laī. šā́ ināyat kādirī dā mazār lɔ̀r wic kuīnz roḍ utte mɔjūd e.

šā́ ināyat qādirī san yārā̃ sɔ santālī hijrī wic fɔt hoe te énā̃ tõ magrõ hazrat búlle šā́ tré wáre tīk ónā̃ de xalīfā ráe.

『ヒール・ラーンジャー』の物語の作者であるワーリス・シャーもその頃マフドゥーム・ムヒーウッディーン・カスーリーの許に学びにやってきていたとする学者もいる。

ブッレー・シャーは，若者になると，ラーホールの聖者シャー・イナーヤト・カーディリーの手で弟子入りの儀式をした。シャー・イナーヤト・カーディリーの墓はラーホールのクイーンズ・ロードにある。

シャー・イナーヤト・カーディリーはヒジュラ暦1147年に亡くなり，彼の後は，ブッレー・シャーが30年にわたって後継者となった。

قصہ 〈男〉物語　**لکھاری** 〈男〉作者　**شاہ عنایت قادری** シャー・イナーヤト・カーディリー（人名）　**دے ہتھ اتے** ～の手で　[**بیعت کرنا**] 弟子入りの儀式をする　**کوئینز روڈ** クイーンズ・ロード（道路の名前）　[**فوت ہوݨا**] 死去する　**توں مگروں** 〈後〉～の後　**تریہہ** 〈男〉30〈形〉30の　**خلیفہ** 〈男〉後継者

کتاباں وِچ لکھیا اے پئی حضرت بُلّھے شاہ ؒ
نوں پنڈ دی اِک مجلس وچ بُلایا گیا۔ ایس
مجلس وِچ حضرت بُلّھے شاہ ؒ دیاں ای کافیاں
پڑھیاں گئیاں۔ آپ دے مرید وجد وِچ آ کے نچن
لگ پئے۔ دُوجے دیہاڑے پِنڈ والیاں ایس مجلس
دی نقل بھنڈاں کولوں کرائی۔ حضرت بُلّھے شاہ ؒ
نوں ایس دا بوہت دُکھ ہویا۔ آکھیا جاندا اے
پئی تھوڑے دِناں وِچ ای اوہ پِنڈ اُکّا تباہ ہو
گیا۔ بُلّھے شاہ ؒ دیاں اجیھیاں ہور وی بےشمار
کرامتاں دسّیاں جاندیاں نیں۔ حضرت بُلّھے شاہ ؒ

kitābā̃ wic likhĕā e paī hazrat búlle šā́ nū̃ piṇḍ dī ik majlis wic bulāĕā gĕā. es majlis wic hazrat búlle šā́ diyā̃ ī kāfiyā̃ páṛiyā̃ gaiyā̃. āp de murīd wajd wic ā ke naccaṇ lag pae. dūje diā̀ṛe piṇḍ wāliyā̃ es majlis dī nakal pàṇḍā̃ kolō̃ karāī. hazrat bulle šā́ nū̃ es dā bót dukh hoĕā. ākhĕā jā̃dā e paī thoṛe dinā̃ wic ī ó piṇḍ ukkā tabā́ ho gĕā. búlle šā́ diyā̃ ajéiyā̃ hor vī bešumār karāmatā̃ dassiyā̃ jā̃diyā̃ ne. hazrat búlle šā́

いろいろな本によれば，ブッレー・シャーは村の集まりに呼ばれた。この集まりで，ブッレー・シャー自身のカーフィーが詠まれた。このかたの弟子は恍惚状態になり踊りだした。次の日村人たちはこの集まりを道化師たちに真似させた。ブッレー・シャーはこのことでとても心を痛めた。日を経ずしてこの村は全く荒廃してしまったと言われている。ブッレー・シャーのこのような奇跡は他にも無数に語られている。ブッレー・シャーは

مجلس〈男〉集まり　**بلاؤنا**〔他〕呼ぶ　**کافی**〈女〉パンジャービー語の一詩形　**مرید**〈男〉弟子　**وجد**〈男〉恍惚状態　**نچنا**〔自〕踊る　**نقل**〈女〉真似　**بھنڈ**〈男〉道化師，道化・物真似などを世襲の職業とする集団　**کرانا**〔他〕～させる。[x کولوں y کرانا] xにyをさせる　**دکھ**〈男〉苦しみ，苦痛。[x نوں y دا دکھ ہونا] xはyを苦痛に感じる　**تھوڑا**〈形〉少しの　**اکا**〈副〉全く　**[تباہ ہونا]** 荒れ果てる　**بے شمار**〈形〉無数の

اِک صُوفی بزرگ سن۔ اوہناں دیاں لکھیاں ہوئیاں
پنجابی زبان وِچ "کافیاں" بوہت مشہور نیں
جیہناں وِچ پیار، محبّت تے بھائیچارے دا سبق
مِلدا اے۔ اوہناں دیاں کافیاں بڑے پیار نال پڑھیاں
تے سُنیاں جاندیاں نیں۔ حضرت بُلّھے شاہؒ سن
1758ء وِچ فوت ہوئے۔ اوہناں دا مزار قصور وِچ
اے، جِتّھے ہر سال اوہناں دا عُرس منایا جاندا اے۔

ik sūfī buzurg san. ónā̃ diyā̃ likhiyā̃ hoiyā̃ panjābī zabān wic "kāfiyā̃" bɔ́t mašū̀r ne jénā̃ wic piyār, muhabbat te pā̀īcāre dā sabak mildā e. ónā̃ diyā̃ kāfiyā̃ baṛe piyār nāl páṛiyā̃ te suṇiyā̃ jā̃diyā̃ ne. hazrat búlle šā́ san satrā̃ sɔ aṭhwanjā īsvī wic fɔt hoe. ónā̃ dā mazār kasūr wic e, jitthe har sāl ónā̃ dā urs maṇāĕā jā̃dā e.

スーフィー聖者だった。彼がパンジャービー語で書いた「カーフィー」はとても有名で，そこでは愛や兄弟愛に関する教訓が得られる。彼のカーフィーは愛情を持って詠まれ，聞かれる。ブッレー・シャーは西暦1758年に亡くなった。彼の墓廟はカスールにあり，そこでは毎年彼のウルスが祝われる。

بھائی چارا〈男〉兄弟愛　**سبق**〈男〉教訓　**منانا**〔他〕催す，祝う

著者紹介

萩田　博　[はぎた・ひろし] 東京外国語大学講師
(ウルドゥー語学・文学，パンジャービー語学・文学)

目録進呈　落丁本・乱丁本はお取替えいたします。

平成14年2月20日　©第1版発行

基礎パンジャービー語読本

編著者　萩田　博

発行者　佐藤政人

発行所

株式会社　大学書林

東京都文京区小石川4丁目7番4号
振替口座　00120-8-43740
電話　(03) 3812-6281〜3番
郵便番号112-0002

ISBN4-475-01854-4　ロガータ・横山印刷・牧製本